华章经典 · 金融投资

超级强势股
如何投资小盘价值成长股
SUPER STOCKS

·重译典藏版·

［美］肯尼斯·L.费雪 著　　何小安 译
KENNETH L. FISHER

机械工业出版社
CHINA MACHINE PRESS

本书为著名价值投资家肯尼斯·L. 费雪的经典著作。肯尼斯·L. 费雪是有巴菲特老师之称的菲利普·A. 费雪之子，他在继承了父亲对价值投资理论衣钵的基础上，提出了超级强势股理论。根据这套价值投资理论，投资者首先应当找到那些有高成长机会、现金收益良好、管理层坚韧不拔的"超级公司"。但是仅仅投资一家超级公司，并不见得能获得快速增长的超额收益，这需要对公司的估值、研发、销售等指标有更深的见解。一家超级公司在特定的情况下，会化身为一只超级强势股，并在几年内为投资者带来 3 ～ 10 倍的收益。如何识别超级公司与超级强势股，把握超级强势股的投资机会，是本书的价值所在。

图书在版编目（CIP）数据

超级强势股：如何投资小盘价值成长股：重译典藏版 /（美）肯尼斯·L. 费雪（Kenneth L. Fisher）著；何小安译 . —北京：机械工业出版社，2023.3

书名原文：Super Stocks

ISBN 978-7-111-72686-9

I. ①超… II. ①肯… ②何… III. ①股票投资 – 基本知识 IV. ① F830.91

中国国家版本馆 CIP 数据核字（2023）第 033537 号

机械工业出版社（北京市西城区百万庄大街 22 号　邮政编码：100037）

策划编辑：顾　煦　　　　　　责任编辑：顾　煦
责任校对：龚思文　卢志坚　　责任印制：单爱军
北京联兴盛业印刷股份有限公司印刷
2023 年 6 月第 1 版第 1 次印刷
170mm × 230mm · 17.75 印张 · 1 插页 · 217 千字
标准书号：ISBN 978-7-111-72686-9
定价：79.00 元

电话服务　　　　　　　　　网络服务
客服电话：010-88361066　机　工　官　网：www.cmpbook.com
　　　　　010-88379833　机　工　官　博：weibo.com/cmp1952
　　　　　010-68326294　金　书　网：www.golden-book.com
封底无防伪标均为盗版　机工教育服务网：www.cmpedu.com

献给父母！

是你们为我所做的一切，让这本书成为可能。

感恩！

作者简介

肯尼斯·L. 费雪（Kenneth L. Fisher）先生，1950 年 11 月出生。1979 年创立了费雪投资公司（Fisher Investments），截至 2021 年底管理资金规模达 2080 亿美元。

他在 20 世纪 70 年代开创了"市销率"分析方法，现在是金融课程的核心部分。

作者乐于通过著书立说分享投资观点，以此回报社会。他共写了 11 本书，其中 4 本荣登《纽约时报》畅销书榜单。《超级强势股》是其处女作，集中体现了他的投资思想。肯尼斯·L. 费雪每月为《福布斯》撰写《投资组合策略》专栏，持续时间长达 32 年半，直到 2016 年底，他是该杂志历史上投稿时间最长的专栏作家。目前他在瑞利上发表文章，并活跃在社交媒体上。每月还在为欧亚主要媒体撰写专栏。

肯尼斯·L. 费雪先生在 2021 年《福布斯》美国 400 富人榜上排名第 151 位，在 2021 年全球亿万富翁名单上位居第 502 位。他早已决定身后把大部分资产捐赠给医学研究事业。

本书作者肯尼斯·L. 费雪先生与译者何小安先生合影。

美国得克萨斯州达拉斯市，费雪投资公司办公室。

2021 年 12 月 20 日

| 译者简介 |

何小安先生，江苏苏州人，共富基金创始人之一。

何先生 1983 年毕业于上海交通大学动力机械工程系，2003 年毕业于中欧国际工商学院 EMBA 班。

何先生在制造业有三十多年的工作经历，长期从事企业高层管理工作，服务于机械、化工等行业。2006 年带领一家民营企业成功登陆美国纳斯达克主板（IPO），并担任上市公司主席兼 CEO 近十年。

给中国读者的新礼物

亲爱的中国读者朋友们：

来自中国的何小安先生重新翻译了我的《超级强势股》一书。本书问世将近 40 年了，正是通过运用并完善本书提出的理念，我和费雪投资公司才一直走到今天。现在，我们为全球 10 多万个投资者管理着 2000 多亿美元的资产。

追求财富并不是我人生的唯一目的，甚至不是主要目的。财富在很大程度上是通过商业活动造福社会的结果，即使这种商业活动只不过是储蓄和投资的一种功能。

就我而言，为公司客户服务一生，积累了现在的财富。在我身后，这些财富大部分将用在医学研究上，主要用于我祖父 1900 年的母校约翰·霍普金斯医学院。

写书、在《财新》《信报》《商业周刊》上撰写文章、在 Twitter 和领英上发帖，和读者分享投资经验，都是我为他人提供服务的途径。我一直都很喜欢写作，在写作过程中也有很多乐趣。

中国绝对是一个伟大的国家。毫无疑问，无论当下还是未来，中国都（将）有许多超级公司。

希望本书的思想能为中文读者提供参考，帮助读者找到超级公司和超级强势股。

在写完本书的几十年里，我经常被问到，如果重写，最大的变化会是什么。首先，也是最重要的一点，我会更加强调毛利率对寻找超级公司的指导作用。销售额减去销售成本，就得出利润表上的毛利。本书只在个别地方提到过它。但是，正如书上所说，毛利是至关重要的，因为巨大的毛利可以在没有外部融资的情况下，提供内部现金流以支持快速增长。如果把毛利除以销售额或销售收入，就得到了毛利率。毛利率超过45%为好，越高越好，因为它提供了更多的资金来支持市场调研、推广、销售、研发，甚至承担用于扩张的融资利息。如果一家公司的毛利率足够高，它可以在净亏损的情况下实现良好的增长。我向家父学到了这个道理。这就是为什么一家公司虽然亏损却可能拥有巨大的反转潜力。

此外，毛利率之所以重要，还有一个原因是与时间有关。从20世纪80年代开始，我逐渐了解到，总的来说，在牛市后期和随后熊市最糟糕的时期，拥有高毛利率的股票往往比大盘表现更好。但在熊市触底之后、牛市初起之时，直至牛市过程的前三分之一，那些毛利率较低，我通常称之为"薄"毛利率的公司，表现最好，也比大盘表现更好。对于在牛市后期转向"更厚"毛利率的公司、在牛市初期转向"更薄"毛利率的公司，购买它们的股票会比购买其他股票更能赚钱。如果我要把这本书再写一遍，我会增加一章来阐述这一点，并附上我几十年积累的数据，这些数据显示了这种效应的真实性和威力。在这里我将这个额外的礼物送给大家。牛市后期，你应该关注"更厚"毛利率的股票，即毛利率高于45%的股票，越高越好。在牛市初期，情况正相反，你应该关注毛利率"较薄"的股票，那时毛利率低至15%的股票真能"闪闪发光"。

此外，几十年来，我越来越认为商业模式至关重要。我总是喜欢管理完善的公司，但我更喜欢在一个不需要很好的管理就能做好的公司里有更好的管理。那样的公司表现优异，再往前一步就是超级强势股。沃伦·巴菲特有句名言，大意是："当优秀的管理层遇到糟糕的商业模式，或者糟糕的管理层遇到优秀的商业模式，他们的名声都会改变"。当然，最好的情况是，伟大的管理层遇到伟大的商业模式，这很可能造就一只伟大的超级强势股。

令我惊讶的是，就在几天前，何先生在我的办公室聊到，他和他的同事查阅了我不同时期的专著，发现我妻子Sherrilyn至少有7个不同的中文名字。喔！

多么华丽！不明真相的读者一定以为我掉进百花丛了。不！不！不！我一生只爱一个人，我和她结婚 51 年了。

我和家人原来的中文译名，译得都挺好，译者也很用心。在此表示感谢。

借本书出版之机，我向大家宣布，费雪家族正式的中文名称诞生了：家父 Philip Fisher 的中文名字是菲利普·费雪；家母 Dorothy Whyte 的中文名字是多萝西·怀特；我妻子 Sherrilyn 的中文名字是谢睿灵。从今天起，费雪家族有了自己正式的中文名字。谢谢关照！

最后，请允许我再次祝中国、中国人民和中国投资者好运。

肯尼斯·L.费雪

本书提出了十分有效的新思路，并对一些原有思路进行了完善。多年来，这些思路让我对自己的投资之路充满信心。有了它，你也可以对自己的投资理念具有更大的自信。信仰是一种巨大的力量，在所有因素中，只有它能让你在别人呆若木鸡时行动起来。这对投资成功至关重要。

多数投资类书籍都是新瓶装旧酒。为什么这本书与众不同呢？

本书提出了前所未有的新理念

本书包括容易上手又见效明显的股票估值新方法，能帮你避免投资失误并寻找赚大钱的机会。它们是为专业人士或有兴趣（即使相对缺乏经验）的非专业人士量身定制的。这些新方法在寻找"超级强势股"的过程中得到了验证。

超级强势股的定义包含两点：

- 从最初买入开始算，在3～5年内价值增加3～10倍的股票。
- 在买入时，这家超级公司的股价和业绩不佳的公司的股价差不多。

超级强势股每年产生25%～100%的长期回报率。很少有股票能长期如此优异。那些长期表现出色的股票肯定有某些共同的特质。

本书涵盖了这些特质并且告诉你怎么去识别它们。要成功投资超级强势股，你需要了解四个不同的主题：

- ▶ 被我称为"小挫折"的现象。
- ▶ 几种新的、强而有力且还容易上手的股票估值方法。
- ▶ 超级公司和普通公司的区别是什么。
- ▶ "实践"的过程，帮你在日常生活中识别这些机会并采取行动的实践论。

任何人都可以避开困扰大多数专业投资者的陷阱。避免犯错正是一个好的开始。通过学习为数不多的几个原则，你能够了解成功投资的步骤。这些原则提供了简单易行的方法，使你能够超越很多专业人士，也为专业人士提供了严格的操作规范。

这些方法能奏效吗？成功执行这些原则不需要超常的智慧或内幕消息。至少在一定范围内，任何人都可以成功地运用这些原则。

看一下我的结果吧。1981 年初，我为客户和自己购买了威宝公司约 1.5%的普通股。这是家软盘生产商。当时，华尔街的人都认为我疯了。他们说，如果投资软盘，就该投大胜公司，大胜有最好的技术和管理。

众口一词说威宝管理弱、技术差、产品差，都认为其财务不稳、前景堪忧。有人甚至暗示它活不长了。

两年后，威宝股价高出我的买入价 15 倍。它因高涨的价格在《价值线》[⊖]和主流券商及投资银行中走红。

曾经不被那么多人看好的威宝做对了什么？使得它的价值如此暴涨？[⊜]本书的目的是给出答案——如何识别一只超级强势股，即便它眼下正被华尔街当成一只纯正的火鸡股。

为什么要费心费力地跟你分享这些理念呢

写一本书要耗费很多心血。动笔之前，我踌躇良久。我翻阅了书架上大量的

⊖　Value Line, Inc.，纳斯达克上市公司，股票代码 VALU，其核心业务是基于独立研究，编制发行印刷版和数字版的股票研究资料。——译者注

⊜　详见第 14 章关于威宝公司的完整案例。

著作。我的想法被一位更聪明的作家完美地表达了出来，它出现在《怎样选择成长股》[⊖]（哈珀罗出版社，1958 年版）的序言中：

> 经年累月，我已经向客户详细解释了一项项行动背后的原则。只有这样，他们才能充分理解我为什么要买那些他们完全不了解的证券。这样，在股价显示我正确之前的漫漫长夜里，他们就不会有冲动去处理掉这些证券。

> 渐渐地，我产生了编辑整理这些投资原则的想法，并希望有一份可以引用的作品。这导致了编纂本书的第一次尝试。然后我开始想到许多人，他们中的大多数资金规模较小，而不像我的客户拥有大笔资金。多年来他们一直问我，散户怎么才能走上正确的路。

> 我想到庞大的散户大军面临的困难，他们不经意中习染了各种各样的想法和"投资理念"，这会让他们付出高昂的代价。因为他们从没接触过基本投资理念的教育。

> 最后，我想到了与另外一个群体进行的多次讨论。他们是企业的总裁、财务副总裁和上市公司财务主管，尽管角度不同，他们中的许多人对尽可能多地了解投资原则表现出浓厚兴趣。

> 我的结论是有必要写本这样的书。我决定用非学术的语言，使用第一人称写作。就像跟我的客户口头交流一样，我会使用同样的语言、例子和比方，介绍同样的投资理念。希望我的坦率，有时是直率，不致引起冒犯。但愿你能说：作者观点的价值胜过写作方面的缺陷。

我父亲写得比我好多了。

肯尼斯·L. 费雪

⊖　这是本书作者的父亲菲利普·费雪的作品。——译者注

| 目　录 |

| 第一部分 |

剖析超级强势股

| 第二部分 |

估值分析

| 第三部分 |

基本面分析

| 第四部分 |

实践论

附录

SUPER STOCKS

剖析超级强势股

第 1 章

因 "小挫折" 而致富

剖析超级强势股：寻找 "完美的小挫折"

最赚钱的股票来自快速成长却又不受华尔街赏识的年轻公司。随着公司的壮大，它的股票越来越值钱。最终投资界认可了它的真正价值，并一路抬高其股票的价格。

年轻公司通常呈周期性成长，这些周期与许多原因有关，最重要的是 "产品生命周期"。这些公司的管理层通常会因年轻不成熟而犯下严重错误，从而导致损失甚至可能危及企业生存。最棒的年轻公司会从错误中吸取教训，走向更美好的未来。

经常犯错与其说是缺点，不如说是进步的标志。很少有公司能够连年快速增长而不遭遇一些小挫折——这些小挫折会影响公司利润甚至导致亏损。一次又一次，某家公司被投资界高度追捧，几乎人人都绘声绘色地说它前程似锦，值个高价。人们会说它有个 "极其伟大的管理层，将获得更多的市场份额，利用现有技术打开新的市场，研发新的技术，开创一个全新的世界"。

硅谷每年都有一批这样的公司出现。随着时间推移，具体名字会有变化，这些就是所谓的"成长型公司"，它们的体量有大有小。几十年来，惠普是其中较大的一家。小微型的包括希捷、玛斯特、卡拉珍等公司。它们的神话中多少还包含一些事实真相。但人们只看到了青春的风采，却看不到脸上的"青春痘"，一旦"青春痘"被发现，股票就会被抛弃。股价往往暴跌，需要几个月甚至几年的时间才能完全恢复至前高点。

有些公司的股价永远无法恢复到从前。"青春痘"开始扎眼，公司利润首次下降或无法如期实现。投资界会重创该股，股价可能在几个月内下跌80%。于是"专家们"认为管理层好像不是那么伟大——他们可能误导了投资者，"专家们"认为市场潜力比管理层宣扬的要小得多，"专家们"还认为公司的技术也很薄弱。

其实这家公司并不像他们现在想象的那么差，也不像他们以前想象的那么好。只是他们从前想的可能比现在想的更离谱。这可能是一家非常棒的公司，问题仅仅在于原先的期望值和股价都太高了。

周期是从产品创意和初期的市场调研开始的。该公司经历了一个工程周期，花费了大量资金，开始了最初的试产，初期营销费用又很高。到目前为止，新产品充其量还只是个项目，好像除了烧钱什么也没干成。

第一份订单往往来得很早，引起了极大的乐观情绪。为了保证质量，保护产品声誉，最初的供货时间往往会迟于计划。最后终于开始发货，销售开始增长。足量的订单确保了能产生营业利润（参见图1-1）。

然后产品开始变得成熟，或许新的竞争对手出现了，市场开始饱和，销售趋于平稳（参见图1-2）。

几年后，产品销售开始下降（参见图1-3）。随着产品成熟，其技术也许会被新技术取代，导致毛利逐渐减少最后消失。随着时间的推移，生产线可能会以较低的价格转让，也可能彻底停产，最终几乎必然会被淘汰。

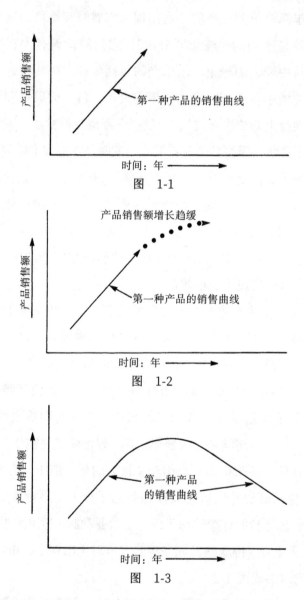

图 1-1

图 1-2

图 1-3

这是个完整的产品生命周期。公司在整个生命周期内的产品销售曲线，如图1-4所示。

从销售持续增长到逐渐下降的这几年可以说是产品生命周期中的"黄金岁月",产品的大部分利润产生于此。这相当于人的中年时期,也是最舒心的日子。而产品早年的青葱岁月则充满投机性,是最令人兴奋、紧张并具有风险的时光。

衰退的日子令人不安、不过也是意料之中的。这有点像伟大运动员的职业生涯末期,例如穆罕默德·阿里、阿奇·穆尔或乔·刘易斯的最后几场比赛:英名尤在,力不从心。

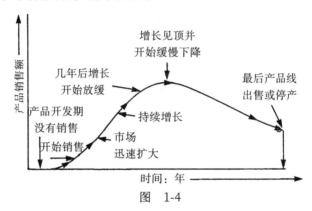

图 1-4

通常,在达到销售顶峰之前,管理层就知道产品即将过气。他们一般会提前开发新品以保持增长。如果做得够好,总销售额会持续增长(参见图1-5)。

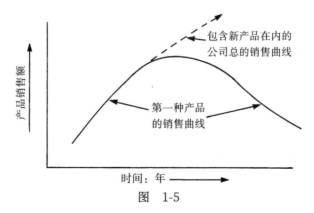

图 1-5

年复一年，他们不断推出新产品，重复这一过程（参见图1-6）。

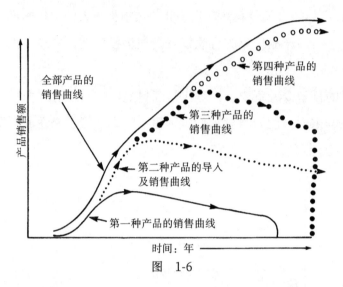

图　1-6

管理层证明了他们有能力引入和管理单一产品。现在，他们正在管理处于不同阶段的多个产品。管理层通常都很年轻，边工作边摸索——"在游泳中学习游泳"。一路上尤其是在现阶段他们会犯些错误，或者没想到自己第一个产品这么快就过气了，或者开发新产品耗时比预想的更长，也许这个新品一开始不太成熟，也许市场接受得比预期更慢，可能还有很多其他问题。无论如何，其结果就是公司遭遇了小挫折（参见图1-7）。

让我们回到图1-1。在产品生命周期的早期阶段，该公司不仅销售增长迅速，利润也增长很快。由于消化了早期启动成本，在一段时间内利润增长可能会快于销售增长。在图1-1基础上，利润现在如图1-8所示。

随着产品开始失去市场，单品利润开始下降。如果公司及时正确地推出了其他新品，总利润就能继续上升，而不会出现断崖式下跌（参见图1-9）。但如果公司出现问题，结果将截然不同，利润很快从逐季增加转变为亏损。这是为什么？

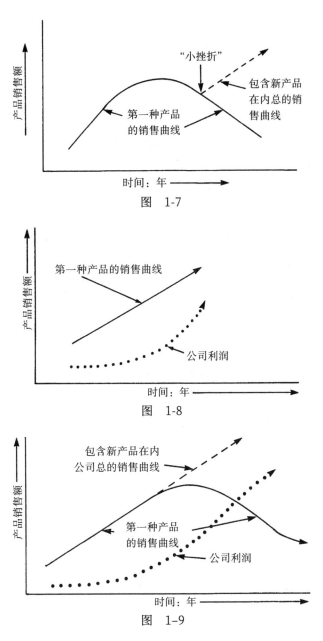

图　1-7

图　1-8

图　1-9

图 1-10 显示了小挫折的典型模式。随着销售增长暂时趋缓，公司利润出现下降甚至亏损。之所以利润下降而销售额没有显著下降，是因为：

▶ 管理层原先预计会有更大的销售量，所以提前建设了更大的产能，打造了更强的营销队伍，以备市场之需。各种成本都是逐月增加的，真应了"你必须先花钱才能赚到钱"那句老话。当销售形势出乎意料，管理层需要花几个月时间才能把成本降低到和低迷预期相匹配的水平。

▶ 必须准备更多钱来解决意想不到的问题。无论是什么原因引发了这些问题，它们都一样需要解决。这必然要付出代价。如果有客户催货，就必须安抚他们。在这几个月里，可能会有更多资金用于营销，以防止客户转向其他供应商。

▶ 因生产或采购流程不当产生的不良库存和设备，其价值将低于账面记录。审计师会要求马上调整，资产可能需要减记（或者注销）。

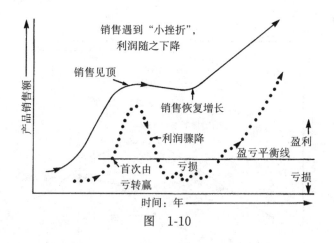

图　1-10

很快，赚钱变成了亏钱。后来，随着问题解决，收入又开始增长，亏损开始减少，在短时间内，盈利能力恢复，利润随之稳步增长。整个过程如图 1-10 所示。

　　年轻公司在成长过程中经常会遇到小挫折。最优秀的年轻管理人员在错误中不断成长。若干年后，这些充满活力的小公司有可能会发展壮大，其规模远大于它们第一次遭遇挫折的时候。几年后再回顾，整个生命周期将几乎如图 1-11 所示。有时，在一家公司的发展过程中，不同因素造成的小挫折会间隔几年出现，第一次小挫折可能如前所述，第二次可能是遭遇了强大的竞争对手，或是头一回经历了像 1974 ~ 1975 年或 1981 ~ 1982 年那样的经济衰退。原因可能很多，有的小挫折可能要严重得多，其中一例或如图 1-12 所示。

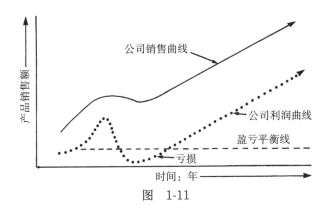

图　1-11

　　在企业正常的成长周期中，股价会发生什么变化？一般来说，股票价格比利润波动得更剧烈。在产品生命周期的早期阶段，随着销售额和利润的飙升，这家名不见经传的公司以出色的产品、领先的技术和富有远见的营销赢得了名声，股价比利润或销售额跑得都快（参见图 1-13）。

　　如果公司能成功地接连推出新品，股价可能会以跟销售和利润差不多的增速持续上涨多年。如果公司遇到大多数企业或早或晚都会出现的小挫折，股价就会暴跌。以前看好公司的人，现在大部分转而对管理层不再抱有幻想，认为他们缺乏预见力与行动力。

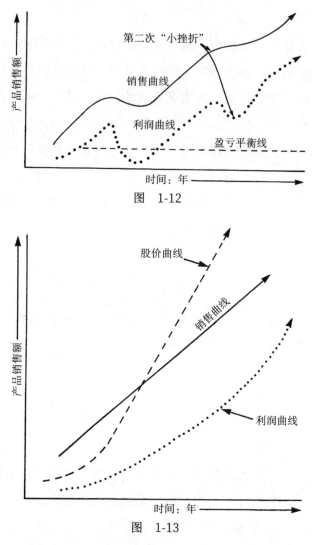

图　1-12

图　1-13

注：销售额、利润和股价曲线使用不同的坐标刻度，这张图并不反映三者之间的绝对关系。

许多投资者非但不理解公司正常的发展路径，反而谴责未能达到他们预期的公司。令人失望的是，华尔街会发现，一味指责上市公司管理层无能要比反思自己的过度判断更容易。随着失望情绪的蔓延，股票价格一跌再跌。股票市值在几天内会跌掉 30%，几个月能跌掉 80% 甚至更多。由于投资者原先的预期过高，股价一次又一次地被推高到不切实际的水平。当公司在成长过程中遇到小挫折时，股价又跌了回来（参见图1-14）。

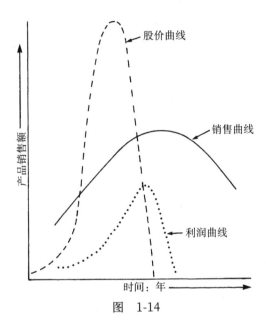

图　1-14

面对盈利不足，鲜有投资者能对成长型股票做出合理估值。公司一旦失去了拥趸，股价就会下跌，有时会跌过头。最能干的管理层会直面并克服困难。随着时间的推移，销售开始回升，利润也回来了，股价开始反弹（参见图1-15）。

几年后，公司的销售和利润创下新高，股票价格也远高于发生小挫折的时期。在公司整个生命周期中一直持有股票的股东获得了满意的回报，也经历了几段惊魂时刻。在小挫折发生之后的复苏之前买入这只股票，将获得巨大的回报。

如果一家公司的股价以高于平均水平的速度上涨，当它出现小挫折后立即买入就能得到一只超级强势股。小挫折大幅压低了股价，正是这种低迷的价格带来了超级强势股的超常回报。

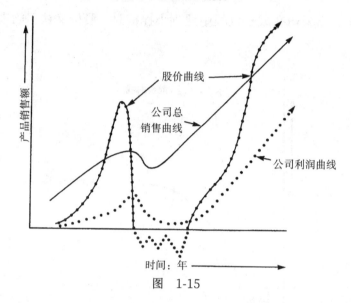

图 1-15

多年后，这家公司会发展成真正的巨头。随着公司不断壮大，成长速度和利润率都会下降。市场不太可能一直给它高估值。所以股价会上涨，但上涨速度可能比公司规模小、成长速度快时要慢得多。将时间拉长到 30 年，这种小挫折在销售曲线中几乎看不到了，在股价曲线波动中却体现得很明显，如图 1-16 所示。

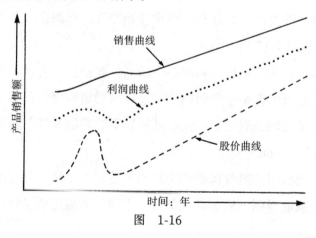

图 1-16

　　我们已经看到了一种模式——小挫折，它发生在大多数年轻公司快速成长的过程中，股价波动的幅度要比销售或利润的波幅大得多。通过学着利用这一现象，有可能从中获益——主要是从股价波动中获取利润，而不必等待公司完全成长。正是这个小挫折让超级强势股从超级公司中脱颖而出。如果你学会了如何正确估值，你就能够从超级强势股中得利——因小挫折而致富。

第 2 章

是什么让"小挫折"发生了改变

艰难岁月让男孩成长为男子汉

年轻公司在快速成长中犯错是在所难免的。错误几乎必然会发生。华尔街面对这些问题时存在情感上的障碍也是在所难免的。搞明白是什么让小挫折发生了改变,对于从中获利至关重要。下面就跟随一家超级公司的发展轨迹,从早期的辉煌到经历小挫折再到复苏和继续成长,更仔细地分析这些小挫折。

有言在先

请记住,我们的讨论仅适用于超级公司(在第 8、9、10 和 11 章,将会详细解释超级公司的特征)。许多公司在某段时间内(也许是几年)会有高光时刻,然后就遭遇了永远无法恢复的逆转,有的最终破产,还有的永远停留在"僵尸"状态。有的虽然能恢复到一定程度,但变得长期平庸。这些公司没有能够识别自身错误、纠正错误进而再创辉煌的管理团队。平庸的公司虽然有可能在恰当的时机做出改进并获利，但它们不太可能给大多数投资者带来超额利润。

快速成长隐含了不稳定的因素。公司在不断变化中，环境也随之发生改变。如果一家公司以每年 35% 的速度成长，并且员工流动率正常，那么大约一半的员工在这家公司工作不超过一年。有经验的员工正在管理越来越多对公司还不太了解的新人。无论结果是好是坏，他们都会对公司发展产生重大影响。在这个互动过程中，企业文化就形成了。

在这种不稳定的环境中很容易出问题。如果对公司业务没有产生重大影响，这些问题通常不会引起注意。当正常的产品生命周期开始影响老产品的增长和盈利能力时，人们就能意识到问题的存在了。

公司的下一代产品可能无法达到预期业绩。或者管理层高估了现有产品的生命周期。他们也可能不再投资于设备和工艺以使成本持续下降。这是短视行为，它有可能以牺牲产品长期生命力为代价获得短期的现金。这时的产品被叫作"现金牛"，该类产品能产生公司所需的短期现金流。

没能及时推出新产品可能会造成小挫折。现金拮据和产品推出时机不当是两个相当常见的错误。错误几乎可以在任何时间、任何地方，以任何方式发生。它们可能包括质量控制做得不好或存货管理得不好，这将导致当产品规格发生变化时，旧库存被迫注销。同样糟糕的是，因生产团队缺乏经验而导致的产品产量不高。当认识到这些问题后，再想要避免严重的财务恶果，通常都为时已晚。

考虑一下某个超级公司在成长过程中遇到小挫折的情形。这家公司几年来一直经营得很好，订单、出货量和利润一直在稳步增长。当麻烦到来时，第一个信号是收到订单的速度趋于平缓。管理层希望这只是暂时的。由于只有几周的数据，这可能只是一种反常现象，也许客户担心经济正在变得疲软。但是订货量持续放缓，公司现在每月发货数量超过了订货数量，手头订单开始减少了。

当问题冒出来时，超级公司的管理层会积极地寻找原因和解决办法。经过一段仓促的自检后，只能大致估计损害的程度，至于困难的确切性质或严重程度眼下还无法确定。盈利滑坡甚至亏损的消息传遍了世界。行有不得，反求诸己，管理层往往将自己与外界隔离开，拒绝大多数的来访和媒体电话（当你不能确定问题的起因，甚至不能确定问题的严重程度时，很难面对外部世界）。

他们大幅减少了和投资界沟通的时间。这在短期内不利于股价，因为投资者开始忧心忡忡。如果公司有一名专职投资者关系经理，公司可能会安排他出去躲几天，这样他就不必面对那些习惯于提问的人。"约翰逊先生接下来三个星期不在公司，我可以帮你带个口信吗？"

问题是当时公司暂时无法给出太多的答复。公司会取消机构投资者调研活动。部分原因是管理层感到尴尬，他们无颜面对那些信赖的面孔（就像一名拳击手在输掉一场比赛后根本不想见到任何人，因为他的自尊心受到了伤害）。

法律顾问还就避免误导投资者提供建议："在你确实真正理解问题并能给出正确解释之前，请保持沉默。"自我隔离的最主要原因是管理层需要时间来确定问题的真正性质并采取行动。这是让男孩成长为男人的关键时刻。

高层会重新审视谁做了什么，以及为什么这么做。为什么订单减少了？为什么成本高于预期？客户为什么退货？质量控制是否存在问题？他们审视这些，比过去几个月、几年，甚至有史以来都更严格，有人或许得因此"掉脑袋"。一些经理的经验不足或不称职导致了问题的产生。

最高层将对下属解决问题的态度做出反应。有些经理表现得颇为积极。有些经理则认为反思和变革是公司高管的"政治迫害"。不配合这种自我剖析过程的经理可能会被解雇。

如果现状没有改观，不管别人是否会"掉脑袋"，有个人必须受到惩罚——那就是公司总裁。如果他没能改变什么，或不能证明他正在纠正内部的缺陷，董事会通常会进行干预，对这位最高长官为何没能强力解决问题进行分析。当董事会问责时，他可以选择：

▶ 提高绩效。

▶ 辞职。

▶ 被解雇。

▶ 说服董事会不要较真儿（如果这样做了，超级公司的地位就丧失了）。

管理层将查看账上有没有价值可疑的资产。他们将特别关注出现问题的领域，毕竟，在运营中造成问题的人也有可能对资产管理不善。

在处理这些问题时，管理层更倾向于一口气解决所有问题。他们可以超越近忧，寻找可能出现的远患。他们会把一切责任甩锅给过去的人和事。这意味着对所有利益相关方暗示类似的错误不会重演。他们不希望很快出现新的问题，因此选择了一种"长痛不如短痛"的态度，如果资产可以从账面上注销，那就注销。"放下包袱，轻装前进"成为管理层的口号。为了以后好看，他们会在此时计提更多的亏损。这些做法都无益于短期的股价。到目前为止，投资界已经把股价打压了 30% ~ 50%。在开始缓慢恢复元气的几个月里股价可能还会再降 20%。然后公司慢慢进入了重建阶段，不会出现立竿见影的进展。在接下来的几个月里，公司压缩了管理费用，放弃了本就不该启动的发展计划。整个产品线都可能会被淘汰，也可能会引入新项目。

管理层中的优秀者会被增加职权，分管重点领域。表现较差的人会被分到与其能力适配的领域。公司会通过从其他公司的高管中挖人以及内部提拔来填充以下位置：

> ▶ 在出事之前没有意识到应设的功能性岗位；
> ▶ 因不称职或态度差而被解雇的人留下的空缺。

通常从外部引进的高管比从内部提拔的多。原因是，随着公司快速发展，缺乏经验和与岗位不适配的人员迅速增加。当你因为一个人不称职或态度不好而解雇他时，你就需要相当高的技巧和自我分析能力来判断他的下属是否能够接手解决问题，或者这个下属就是问题的一部分。

最高层不想冒险提拔那些或许难以完全胜任更高职位的人，相反，更愿意从外部引进高级人才。这些新人通常年龄较大，在他们的专业领域表现出色。最重要的是他们是经过精心挑选的，其个性被认为符合最高层试图在公司内部营造的企业"文化"。原管理团队的某些成员将被适宜地转岗。

接下来的几个月，重组后的管理团队一直在与问题做斗争。股价依然疲软。管理层的举措旨在补救问题、矫正缺陷。随着时间推移，新产品问世或现有产品订单上升，表明了管理措施开始见效。

华尔街会对小挫折发牢骚

华尔街已经对这个公司有了成见，以至于忽视了复苏的早期信号，"你说甲公司复苏了？以前也有人说过，那又怎么样呢？就算它们真的活过来了，也好不到哪儿去"。

超过95%的专业投资者不会亲自调研自己投资的公司，即使去也不会定期去。相反，他们依赖作为中介的证券分析师。证券分析师将信息和结论传递给最终的投资决策者。

买卖股票的决策者，直接（或通过买卖佣金）向证券分析师支付报酬。这种将投资者与上市公司分离的做法，使得投资者的心里很少有或根本没有长期股权意识，曾经认为自己是股票长线持有者的人，现在可能更关注公司的短期表现。

证券分析师当然会添油加醋。当一家公司发生小挫折时，许多分析师会大肆渲染公司的问题，却避而不谈自己从前的说法，这是人的本性。他们会说管理层无能，甚至会说管理层是大骗子，而在有的时候，他们对管理层又过分乐观。

不管投资界说什么，公司都在进步，它的转变是实实在在的。股价已经跌无可跌了。在未来的几个月里，随着公司复苏，订单回升了，收入开始快速增长。起初利润增长缓慢，但是再过 18～24 个月，利润率会超过 5% 甚至更高。

起初，随着业务进步初见端倪，该股的股价会从低点快速翻番。这是因为投资界已经悲观过头。这只股票跌得太低了，除了上涨别无选择。在这个阶段券商会鼓动投资者远离该股，直到"盈利更加明显"。

在股价首次翻番后，这只股票对业务基本面做出了响应。随着利润的涌现，股价强劲上涨。几年里，公司又创造了新的成功纪录，新的机构投资者（不是以前受伤的那一波）"发现"了这只股票，这些新粉丝一样会形成故事开头的那种过度乐观。

在 3～5 年的时间里，这只股票已经从低点上涨了 3～10 倍。上涨分为三个部分。第一部分是因为原来的投资者对公司过分看跌，超卖之后它除了上涨无路可走。第二部分可以归因于业务基本面，因为公司变大了、赚了更多的钱。上涨的最后一个部分来自新的机构投资者对该公司的过度乐观，他们把股票哄抬到天价。

成功往往有一千个父亲认领，而失败却总是一个孤儿

我们已经看到，即使是优秀的管理者也会犯错误，我们也已经看到了犯错的原因和后果。犯错是完全正常的，甚至可以当作管理团队进步的标志。最根本的问题是，投资者原本对公司的期望值可能过高。

管理层很少欺骗专业投资者，而投资者往往自欺欺人。假设投资经理拥有一只（或者分析师推荐过一只）陷入麻烦并暴跌的高价股，多数人通常会亏本卖掉。由于对"误导"他们的管理层感到厌恶，他们后来很少再买回这只股票，其实"后来"是买回的好时机，甚至可能是最佳时机。

当一只股票上涨时，个人投资者会说因为自己聪明所以在低价时买入了，而当一只股票下跌时，几乎没人会说是他们自己的错误。这就是人的本性。

我在波士顿普惠公司⊖认识一位老先生，他对这一现象评论道："成功往往有一千个父亲认领，而失败却总是一个孤儿。"很少有人愿意承认是自己的问题，在炒股中亏了钱，往往都怪罪别人。

我们已经看到，投资者会对一家公司期望过高。同样，我们也看到，增长过程中出现小挫折可能会导致对公司前景过于悲观。显然，这两种观点都不对。难道就没有公允评价吗？ 起初华尔街认为这是一家好公司，后来又认为这不是一家好公司，这两种观点前者是否更准确一点呢？没有标准答案。这就是投资问题的核心！

我们讨论的是超级公司。如果它真是一家超级公司，那么投资界最初的看法就比后来悲观的看法更为正确。从错误中吸取教训的管理层，在未来几年不太可能让其他人超越自己，因此这家公司将在很长一段时

⊖ 普惠公司是美国老牌投资银行。2001年，瑞士联合银行集团以120亿美元完成对普惠的收购，并将其改组为瑞银普惠。——译者注

间内保持快速增长。

对于这样的股票，最好的做法是长期持有它。首先，要在合适的时机买入。每当一家公司发生小挫折时，华尔街就会对它不停地指责，要利用好这种周而复始出现的机会。

有些公司成功了，但有些公司没有

再者，如果抱着所有公司都能走出困境的想象，然后去买股票就太傻了。有些公司陷进去就再也没能走出来，就像那些失败的拳击手。

商业和投资与拳击有很多共同之处。

许多拳击手在前几轮表现不错，但随后就被逼得靠在围绳上。作为一名拳击手，生存的关键是遇到困难时本能地做出反击。有些人能，有些人做不到。有些拳击手在第三轮被击倒，裁判点数后被判失败。有的恢复过来了，打完这轮之后艰难地完成剩下的比赛。他们可能站了起来，但没剩多少力气了，虽然没被击倒出局，但还是输了。

没有几个人是当冠军的料。即便是冠军有时也会被击溃，毕竟他们是在冒险。当他们被击打时会本能地掩护自己，保持头脑清醒，发起进攻回击对手，他们的精神也随之振奋。这并不是说冠军必须比别人训练得更刻苦，虽然实际情况经常如此。冠军资质不仅在于身体，更多地在于头脑和心灵，是心灵统率着身体。

就像其他事情一样，投资的关键是能够确定谁会"在 10 个点数中倒下"，谁会表现平平，谁有冠军的资质。请全神贯注在赢家身上。

在晶体管诞生的初期，德州仪器公司和晶体管公司是华尔街的宠儿。两家都被赋予很高的估值并拥有忠实的追随者，也都遇到过小挫折。德州仪器公司作为一家超级公司，在应对挫折的过程中进步了，壮大了自己，并成就了数十年的新辉煌。

而晶体管公司却从未走出困局。20多年来，它一直在破产的边缘挣扎着，出现了周期性的亏损和业绩不佳。晶体管及其衍生产品——集成电路实现了真正惊人的增长，但晶体管公司的管理层却未能抓住这一历史机遇。

投资德州仪器的人发了一笔小财，而投资晶体管公司的会损失一大笔本钱。

金融界对公司预期的剧烈波动给投资者提供了机会，也会给投资者造成损失，你会在本书中看到大量案例。现在简单了解一下美杰公司吧。

美杰公司为纸、钢和塑料等片状产品制造商生产数字程控仪。公司股票于1971年以每股20美元上市，很快就涨到了三四十美元。华尔街对这家小公司的评价是相当令人兴奋的。年复一年，美杰被西方证券分析师协会选为未来12个月最佳潜力股。

美杰总裁戴夫·博森被大家认为是有史以来最好的经理人之一。当时美杰每年的销售额约为900万美元，分析师都预测它将在5～10年内成为一家销售额达到2.5亿～5亿美元的公司（参见图2-1）。

不幸的是，这只股票表现不佳。事实上，是下跌了。这种情况持续了好几年。1974～1976年间，这只股票的股价主要在10～20美元振荡。这时候，分析师们开始讨厌它了，甚至越来越少的人愿意跟踪分析这家公司了。这家公司虽然发展迅速，但无法跟上市场预期。到1977年，它已达到6000万美元的销售规模。但到那时几乎没人相信它了。随后几年，这只股票快速上涨了4倍。从1977年的低点10.5美元上升到1979年的高点48.5美元。

当股票涅槃重生时，投资界的兴趣也随之高涨。1977～1980年间，美杰确实挣到钱了，营业收入增长到1.2亿美元，平均利润率超过了7%。

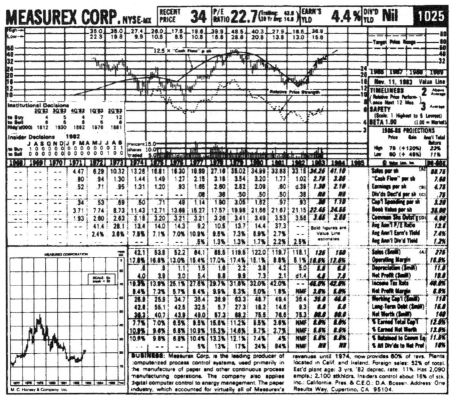

图　2-1

资料来源：M. C. Horsey & Company, Inc., P.O. Box H. Salisbury, Md. 21801; *Value Line Ratings & Reports*.

Reprinted by permission of the publisher. Copyright, Value Line Inc.

作为一家昂贵固定设备的供应商，当1979～1983年经济衰退爆发时，美杰公司遭受了严重打击，股票跌破发行价。1982年，公司股价徘徊在每股13～15美元。美杰是一家年收入1.2亿美元的公司，每股净资产超过20美元，拥有出色的业绩和经验丰富的管理层，现在的技术比以往任何时候都更好。然而，如果你在1982年和1983年咨询华尔街的人，大多数会告诉你，这是一家管理不善的公司。

为什么这么说？他们可能会给你讲 1973 年以来的故事。并不是因为公司没有成长，而是因为没有达到华尔街对它的超高期望。1972 ～ 1982 年间，美杰营业收入从 800 万美元增长到 1.18 亿美元，复合增长率为 31%，业绩表现并不差，但这并不是华尔街想要的奇迹。

到 1982 ～ 1983 年，对美杰的期望过低了。投资人士普遍声称对美杰不感兴趣，因为关于美杰的市场潜力，博森"误导"了他们。"如果你不信任首席执行官，你就不应该买这家公司的股票"，我同意这种说法。当时我在场。我记得他们都是专业投资者，对事实他们应该深入研究、独立验证。博森一定是乐观的，他也必须乐观——这就是他的使命。他发表了坚强而乐观的声明，他所做的，和大多数首席执行官在自己的股票受华尔街追捧时的言行相比并不过分。

如果博森的声明能够误导这些"专业"投资者，那么他们一定没有做过什么有价值的独立验证（我倒是认识一个人，他很愿意帮助他们拥有更多的资产——也许是布鲁克林大桥的一部分）。㊀

美杰股票从 20 美元涨到 30 ～ 40 美元，然后又回落到 10 美元以下，再上窜到 45 美元以上，然后又掉到 15 美元以下，此后又恢复到 30 美元出头。在这种过山车似的过程中，保持客观是很重要的。如果你的看法充斥着对管理层以往的怨恨，你就无法客观地看待这家公司。如果你高买低卖，一路上痛苦不堪，那么你就像快要被击败的拳击手，需要清醒一下头脑。

有些人一生处在失败边缘，如果听信他们或受他们影响，你很可能会出局。保持清醒的头脑，学会原谅管理层，即便他们没能达到华尔街的期望。要看清楚管理层的本质是什么，他们就是一群做具体工作的人，

㊀ 指美国历史上著名的布鲁克林大桥诈骗案。作者借此来讽刺某些"专业"投资者不愿独立调研、客观判断，习惯于偏听偏信、固执己见。——译者注

这群人一路上会给你创造一些真正的机会。

在美杰这样的例子中，关键是知道什么时候股票是便宜的、什么时候是不便宜的。为什么会便宜？为什么它会从低点起来又从高点下跌？

估值的关键，即超级强势股的本质，是在华尔街认为某家超级公司是一条没有前途的瘦狗时买下它。这意味着在管理层犯下严重错误，足以令大多数华尔街人士失望之后才买进，意味着学会原谅管理层的错误（这既需要用心，又需要用脑），意味着客观地为不受待见的东西估值。接下来的 5 章将讨论如何估值及其关键点。

第二部分

SUPER STOCKS

估 值 分 析

第 3 章

传统估值之谜：按利润的十倍估太高，按一千倍估又太低

核心是：如果左手的刀太钝，右手的棍又太短，那就换把手枪吧

在证券市场大家面临的最大问题是怎样给股票估值。虽然估值很简单，但难以做到完美。估值并不需要完美就可以做得很好。好的估值方法其实是很容易的。但对估值有正确概念的人太少了。

最流行的方法是使用传统的利润或净资产来估值——但往往是错误的（事实上，大多数华尔街人士对事情的看法都是错误的）。大家各有各的方式。

虽然利润和净资产本身没有什么问题，但它们是其他因素作用的结果。利润是结果，但不是原因。那些让股价下挫的原因，往往也是实现企业收入的原因，股价变动自有一套理由，而企业收入与资产波动则另有一套理由。重点应该放在各自原因的分析上。大多数观点认为，投资者应该适应这些有缺陷的技术——手拿钝刀和短棍作战——而我认为投资

者确实需要换一把完全不同的武器。

本章探讨了传统的股票估值方法及其缺陷（第 4 章至第 7 章介绍了截然不同的全新估值方法）。

以利润为基础的方法

在 20 世纪 50 年代，很流行的是按照未来利润的增长对公司进行估值。60 年代和 70 年代初，人们通过投资成长型股票获得了丰厚的利润。这个方法一开始很灵，因为这样做的人太少了。因此，购买那些有巨大增长潜力的杰出公司，只需支付很小一部分溢价。当追逐所谓的成长型股票成为华尔街的时尚，事情就失控了。60 年代、70 年代初以及80 年代初，市场给许许多多小个头"成长型"股票的估值达到利润的40 ～ 100 倍（甚至更多）。

以主流券商推荐的典型股票为例。他们认为股价后市看涨，因为市盈率是如此这般；或者"利润会增加"到什么什么水平；或者由于这样或那样的原因，市盈率"太低"了；也许市盈率"低于其历史水平"；或者该股票正以"比标普 500 指数低的市盈率"在出售。

盈利预测已经成为最常见的股票估值方法，但很少有人能成功地运用它们，因为具体而精确的每股利润预测是行不通的。投资行业不确定性太多了。

请看以下两种基本方法。

"低市盈率"流派

"低市盈率"流派说，该股目前的低市盈率是由利润不会大幅下降所支撑的。相对于利润，该股的价格不高，似乎表明华尔街认为利润会下降。"低市盈率"流派相信，华尔街迟早会意识到利润不会下降，那时股价就会上涨。

这里的局限性有三个方面。

第一，任何时候要预测每股具体利润都非常困难。与普遍想法相反，1929 年，许多股票都是以很低的市盈率出售的。然后就没有然后了。

举个例子，1929 年卡特彼勒拖拉机公司市盈率只有 8。三年后，股价只剩个零头，市盈率却升到极高——因为它几乎没有利润（参见第 7 章，关于 20 世纪 20 年代和 30 年代的 IBM 及其他公司的股票）。

第二，计算利润涉及许多主观裁量因素。其中一些只是会计变量，会随着时间的变化而变化。会计学常识告诉我们资产负债表上唯一真实数字是"现金"，它不涉及大量的假设。其余都是基于假设的，每个季度，管理层和会计行业都可能对假设的内涵和范畴进行调整。

每次会计准则发生改变时（经常会的），管理层和审计师都需要领会如何将这种改变应用到公司身上。每次公司的情况发生改变时（几乎是日常发生的），管理层和审计师都需要弄清楚如何从会计角度记录这些变化。

第三，就算你在盈利预测方面做得很好（其实没有人做得到），但用这种方法你可能只赚到很少的一笔钱。它可能帮你赚到 1 倍的钱，但它不会帮你赚到 10 倍，它做不到。市场可能不够高效，但也不会低效到让预期利润、真实利润和股票价格长期背离，好让你有机可乘。

"成长股"流派

"成长股"流派认为，随着公司的成长，股价会对成长带来的利润增长做出反应——也许是不成比例的。考虑到有足够的增长，这个流派在展望股价上涨空间时，几乎不在乎最初买入价格。不断增长的利润使得市盈率越来越低，直到最终，股价不得不像压缩的弹簧一样弹升。糟糕的是，这一流派的代表人物是那些 20 世纪 60 年代末和 70 年代初购买并持有著名大盘成长股的人。当利润增长不达预期时股价就下跌了。

这种投资哲学有两个局限性。第一个是与"低市盈率"流派相同的，即使仅仅提前一两个季度，利润也很难预测。尴尬的是事情经常不按分析师预期的那样发展。

这一流派的第二个局限性（一个不太被人注意的局限性），即使你对利润的预期是正确的，股价也可能不涨。为什么？股市会给未来折现，股价其实已经包含了未来的增长因素。正如老话所说，"市场什么都知道"，如果这是一只公认的成长股，这句话就尤为正确。

一两年后如果公司遇到了麻烦，对下一年利润增长的准确预测可能不会导致股价上涨。这次"市场什么也不知道"。这就是市场的魔力。股价往往在利润达到顶峰前很久，就早早到达了峰值。假定有两个公司，同一时期利润和股价情况如表 3-1 所示。

表　3-1

	季度						
	1	2	3	4	5	6	7
公司 A：							
每股收益	0.20	0.25	0.37	0.40	0.45	0.55	0.60
股价	12	15	22	24	27	33	36
公司 B：							
每股收益	0.20	0.25	0.37	0.40	0.45	0.55	0.09
股价	12	15	22	22	16	12	8

A 公司的季度利润以不规律的速度稳步上升，股价正好是季度利润的 60 倍（当然，世界从来没有这样精确地运作过，这里仅为了说明问题）。B 公司在最后一季度之前都获得了与 A 公司相同的每股收益，但其股价在盈利开始下降前已经见顶。即使我们难以理解，这个低效率的市场还是能够粗线条地描绘未来，它似乎还是有效的。这个想法得到了学

术界广泛的接受，从而形成了"随机漫步"流派。[一]

尽管如此，成功的利润预测，无论是用在低市盈率模式还是用在高成长模式，都能获得一定的成效。如果真的没有一点用，这么多年来，它早就声名狼藉了。

但实际上这种方法的效果并不好。几乎每个人都在用它们，但很少有人能获得满意的结果。基于利润的方法不可能找到超级强势股。要满足资本增值的最低要求，作为超级强势股，5 年内价值至少要增加 3 倍。[二]这意味着每年最少要增加 25% 的利润，而在同期市盈率没有下降。虽然这并非不可能，但它几乎没有留下犯错的余地。

另一方面，一只超级强势股需要有三年内增长 10 倍的潜力。这样的增长要求 3 年复合利润增长率达到每年 115% 以上，这是很难想象的。

如果把利润指标甩到一边去，你如何去对一家公司估值？如果不谈利润，华尔街的大多数人就没法给股票估值了。如果你去询问股票经纪人，不能以利润为基础，他会如何给一家公司估值，你会得到一些奇奇怪怪的答案。

格雷厄姆流派——"卓越但还不够"

本杰明·格雷厄姆擅长写作、教学，并到处演讲。他经常被称为"证券分析之父"，他的名著《证券分析》是该领域近 50 年来的基础教科书。[三]他的另一本书《聪明的投资者》被公认是给热切的投资新手的入门经典。[四]以下是约翰·特雷恩在《金钱大师》中对格雷厄姆的评论：[五]

[一] "随机漫步"流派似乎为放弃对股市的探索建立了一个完美的理由。如果你已经放弃了，我建议你加入他们，合上书，关灯睡吧。

[二] 参见原版序言中对超级强势股的定义。

[三] Benjamin Graham, *Security Analysis* (New York: McGraw-Hill, 1934).

[四] Benjamin Graham, *The Intelligent Investor* (New York: Harper & Row, 1947).

[五] 约翰·特雷恩《金钱大师》(纽约：哈珀罗出版社，1980 年)，第 83 页。

　　本杰明·格雷厄姆被评为 20 世纪（或许是历史上）最重要的证券投资思想家，他将证券投资从一门基于印象、内幕和个人天赋的手艺活儿发展成为一门有条理的学科。

　　对于一代投资者来说，格雷厄姆的"价值投资法"广为人知。格雷厄姆购买股票强调确定性，注重低市盈率，特别是资产负债表的质量。他以尽量低的价格购买最终会产生利润的生产性资产，他寻求有强劲资产负债表支撑的高股息率的公司。他捡漏"便宜"公司，买入并持有它们两年或直到它们升值 50%——达到其中一条就抛出。这个方法很好用，但好处有限。使用这种方法可以赚钱，但不能帮人抓住像早期的 IBM 或施乐那样的好股票。而且它倾向于在短期内取得高回报率，而不是赚取能享受税收优惠的长期资本利得。

　　你有没有尝试过以资产价值为基础来给科技股估值？通常这是一种奇怪的做法。我们这个时代的大多数超级强势股，那些你本可以赚 5 倍、10 倍、20 倍甚至更多的股票，是永远不能以资产价值为基础购买的。

　　沃伦·巴菲特在格雷厄姆的思想基础上形成了自己的投资理念，积累了数亿美元的财富。几乎没有人做得这么好。

　　作为《金钱大师》书中记录的九位传奇投资者之一，巴菲特被作者约翰·特雷恩称为"投资者中的投资者"。⊖他独立而且自律。大量买入其他投资者退避三舍的间或缺乏流动性的廉价股票。他操作得非常精准，在 1956 ~ 1969 年的 13 年里，他的年均复利达到 30% 而没有一年亏损。很少有人能做到这一点。到目前为止，像巴菲特这样的人并不多，也许只有一个。

　　巴菲特在为格雷厄姆工作期间还有一项额外优势——善于学习。其他

　　⊖　同上，第 1 页。

人也曾为格雷厄姆工作，但很少有人做得这么好，大多数人都说获得了相当合理的回报。但是，如果你想要的是高于合理的回报，你该怎么做呢？

结论

如果根据利润购买股票是"用钝刀"，而根据资产价值购买股票是"使短棍"，那么最好的选择是"换一把手枪"。

不要从购买股票的角度考虑——忘掉股票这个表象吧（毕竟，所谓每股利润只不过是另外一组原因的结果，不是吗？）。

更本质的概念应该是你正在购买一家企业。别人会花多少钱来购买整个企业？如果投资者在买入股票之前总是问自己这样一个简单问题，就能省下很多钱。别人会付多少钱来买这整个公司？

大多数股民甚至不会停下来考虑一下公司做了多少生意，他们只关注每股利润和每股净资产。涉及投资比率分析的严肃学术书籍很少提到利润表的上半部分，他们很少问这样一个问题："这家公司究竟做了多少生意？"

该领域的一本主要书籍有整整几章专门介绍：

▶ 市盈率。

▶ 利润增长率（一年的和四年的）。

▶ 本杰明·格雷厄姆方法。

▶ 股息、股息变化、派息率、总投资回报率。

▶ 资产负债率。

▶ 投资总额。

但是，却只字未提销售额、销售成本或毛利率。⊖

⊖ Donald M. Peterson, *Financial Ratios and Investment Results* (Lexington, Mass.: Lexington Books, 1974).

我们希望将关注点从基于利润和净资产的估值方法上转移，我们希望重点关注的是：

▶ 公司做了多少生意。

▶ 和生意相关的成本结构。

▶ 私人老板如何看待这家企业。

听起来很荒谬，按10倍利润计价买一家公司，价格是过高的，而按1000倍利润计价，又觉得太低了。我喜欢倍数的概念（在我读四年级时，11乘以8等于88。尽管出现了战争、嬉皮士、计算器、新数学和苹果电脑，但它仍然是88。所以我喜欢倍数）。我只是不喜欢市盈率倍数，我更喜欢其他倍数，尤其是销售倍数。我选择按照股价对销售的比率（市销率）、实际和潜在的利润率以及股价对研发支出的比率（市研率）对股票进行估值。这些估值概念是本书的主要内容。

为了获得超乎寻常的利润，就得避开传统估值方法。我的大多数成功案例都是这样，当我投资一家公司时，它要么亏损要么赚得太少，以至于市盈率毫无意义，或者更恰当地说市盈率接近无穷大。我以1000或更高市盈率买的股票赚了很多钱，而以10或更低市盈率去买的股票则赚得很少。一家亏损或勉强持平的公司，私人买家打算怎么样给它做估值？随着这个谜团的解开，购买股票就成了一个低风险、高回报的事情。

第 4 章

估值决定一切：使用市销率

牛市、熊市和火鸡市

人们很健忘。他们无意中抛弃了基本面，忽视了长期价值。尽管如此，股价还是会回归基本面，通常表现为一场暴跌，我将其称为"火鸡市"。

当我开心时，我会放一头巨大的塑料公牛在我的会议桌上。它头上长着大大的牛角，很有视觉冲击力。可几乎没人注意到，我把一只五颜六色的塑料小火鸡放在了公牛下面。通常人们从不注意火鸡。即使看到了，似乎也不愿承认这一点。偶尔，有人问火鸡是做什么用的。我解释说，每个人都知道什么是牛市，但多数人并没看到显而易见的东西——就在公牛下面端坐着一只真正的火鸡。

他们忘了当市场达到高位时股价会下跌。基于希望和梦想，他们支付的价格与私人买家为整个企业支付的价格相差十万八千里。在牛市中，一只股票可以从已经很高的水平再涨70%，但在熊市中会下跌一样多，甚至更多（别忘了坐在公牛下面的是一只真正的火鸡）。大多数人只知道有牛市和熊市，但是不知道还有火鸡市。超级强势股在很大程度上是对火鸡市的挑战。一家拥有完美超级强势股的企业应该达到：

- ▶ 未来长期平均内生增长率达到 15% ～ 20%。
- ▶ 未来长期平均税后利润率在 5% 以上。
- ▶ 市销率位于 0.75 或更低。

了解市销率

市销率是我所熟悉的最有用的单一估值方法。对于市销率，华尔街很多人不知道，也很少有人能理解、使用。市销率比市盈率好用得多，几乎是完美的人气衡量指标。

这一章介绍市销率是什么以及为什么它是完美的指标。（使用市销率最好要配合对利润率的分析——第 10 章和第 11 章详述。）

市销率的计算有点像市盈率，只不过用的是公司销售额而不是公司利润额，它是一家公司的总市值除以过去 12 个月的公司销售额。要计算公司总市值，可将股价乘以现有股票总数。[⊖]如果一只股票价格是 15 美元，而发行在外的股票有 400 万股，那么这家公司总市值为 6000 万美元（15 美元 × 400 万股 = 6000 万美元）。如果该公司去年销售额为 8000 万美元，那么市销率就是 0.75（6000 万美元 /8000 万美元 = 0.75）。相反，如果销售额只有 2000 万美元，市销率就是 3.0。

图 4-1 是《价值线》期刊上应用磁学公司的数据。行 4 显示股票数

⊖ 最准确的股份总数是"已发行的完全摊薄的股份数"，这是指现有股份数加上已发行的可行使的期权对应的股份数。完全摊薄的股份数在年度报告中有突出显示。通常提到的"已发行的主要股份"，是指在计算"完全摊薄"之前的股份数量。

量（行号在页面的右侧）。在页面顶部，行1和行2显示了每年的股价最高值和最低值。将行1乘以行4可以得到当年的市值高点，行2乘以行4得到当年市值的低点。将市值除以行5得出市销率。

应用磁学公司的市值高点为1.186亿美元（24.3美元×488万股＝1.186亿美元），市值低点为4830万美元（9.9美元×488万股＝4830万美元）。这有点棘手，因为当我们观察一只股票的价格时，我们只有历史数据可供参考。因此，我们只能用上年度数据。根据行5，应用磁学公司1979年销售额为9040万美元。该公司市销率高点为1.31（1.186亿美元/9040万美元＝1.31），低点为0.53（4830万美元/9040万美元＝0.53）。

使用《价值线》的数据时，有个快捷方式。行3显示每股销售额，将行1或行2除以行3，将直接得到市销率（用行1除以行3算出市销率高点；用行2除以行3算出市销率低点）。[⊖]

你可能会浪费很多时间和精力来决定是使用股票的买价、卖价，还是收盘价或其他价格来算。其实这是在吹毛求疵，真的不重要。同样，你也可能在股票数量上浪费脑筋，未来会有多少期权将被行权转换成股票？不要浪费时间了。

市销率从低于0.05一直到超过20，因各种情况而不同。公司和公司之间市销率差异很大。那么为什么要考虑市销率呢？因为市销率能够衡量企业在一定业务规模上的受欢迎程度。

市销率是有价值的，因为在企业里，销售额比其他大多数经营指标更稳定。如果你对一家公司的基本业务做过研究，就会发现，在经历了多年的快速增长后，盈利状况可能从很赚钱转变为亏钱（甚至亏得很多），而期间销售额只不过暂时停滞不前。

⊖　使用《价值线》上的数据快捷计算市销率，有时会带来四舍五入的误差，请忽略它——因为对市销率来说，舍入误差没有影响。

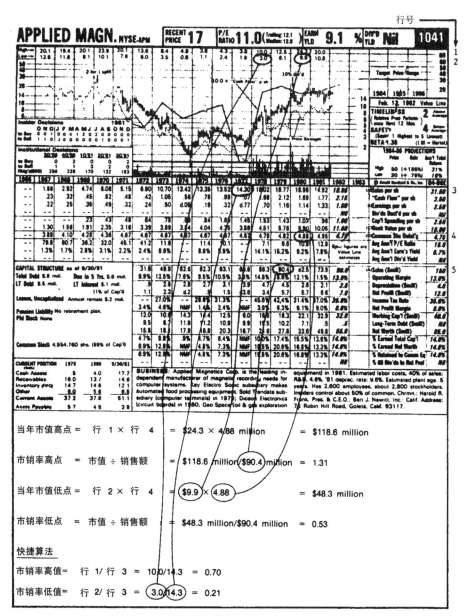

图 4-1

资料来源：*Value Line Ratings & Reports*. Reprinted by permission of the publisher. Copyright, Value Line Inc.

超级公司销售额很少出现真正大幅度下滑，而利润发生严重逆转是很常见的（请参见第 1 章和第 2 章中描述的小挫折）。销售下降 5% ~ 10%，随后几年持平，这大概是超级公司最差的情况了。与其他财务指标相比，更强的销售稳定性，使你能够在给证券估值时，把销售额看作是抵御风浪的船锚。

股价和销售额之间的关系意味着什么

就其本身而言，市销率表明了股市愿意为一家公司的 1 美元销售额付多少钱，它实际代表了投资界给这个公司打的分数，也就是这家企业受资本市场欢迎的程度。对私人买家来说，一家公司的价值应该是其未来销售额和平均利润的函数，即未来有多少生意可做，以及做这些生意可以赚多少钱。你想想这意味着什么。

如果一家公司年销售额为 1 亿美元，且市值也为 1 亿美元，那么其市销率显然为 1.0。假设它偶然获得了 10% 的税后利润率（1 亿美元 × 10%=1000 万美元）。⊖那么，就能得出该公司的市盈率为 10（1 亿美元 ÷ 1000 万美元 =10.0）。如果它的税后利润率为 5%，那么它的市盈率将为 20（利润 =1 亿美元 ×5%=500 万美元，1 亿美元 ÷500 万美元 =20）。

表 4-1 显示了公司在未来不同盈利水平情况下的市盈率。研究一下这张表，理解透了可以为你节省比你想象的更多的钱。刚才引用的第一个例子（10% 的利润率）位于第五行和第二列的交点，修改的例子（5% 的利润率），位于第五行和第四列的交点。⊜

⊖ 利润率将在第 10 章和第 11 章中详细介绍。现在可以说，利润率等于税后净利润除以销售额，如果销售额为 1 亿美元，净利润为 300 万美元，则利润率为 3%（300 万美元 /1 亿美元 = 0.03 = 3%）。

⊜ 原文中的行列数不包含首两行和首列。——译者注

表 4-1 反映了利润率、市盈率和市销率之间的关系。如果对表 4-1 熟悉了，可以用它来比较一下那些具有不同盈利能力和估值的公司。

关键是什么？要想成功买入股票，你需要根据原因而不是结果来估值。所谓原因就是做成生意的各项条件——产品能够卖得出去的成本结构。结果来自利润、利润率、每股利润三个方面。请注意，到目前为止，本书没有任何关于每股利润的说法。避免谈论每股利润的概念旨在促使人们继续聚焦整体业务，包括其体量。这对于成功运用市销率至关重要（稍后解释）。

表 4-1 不同市销率和利润率水平下的市盈率

市销率	利润率（%）					
	12	10	7.5	5	2	1
0.12	1.00	1.20	1.60	2.40	6.00	12.00
0.25	2.08	2.50	3.33	5.00	12.50	25.00
0.50	4.17	5.00	6.67	10.00	25.00	50.00
0.75	6.25	7.50	10.00	15.00	37.50	75.00
1.00	8.33	10.00	13.33	20.00	50.00	100.00
1.50	12.50	15.00	20.00	30.00	75.00	150.00
2.00	16.70	20.00	26.67	40.00	100.00	200.00
3.00	25.00	30.00	40.00	60.00	150.00	300.00
4.00	33.33	40.00	53.33	80.00	200.00	400.00
5.00	41.67	50.00	66.67	100.00	250.00	500.00
6.00	50.00	60.00	80.00	120.00	300.00	600.00
10.00	83.33	100.00	133.33	200.00	500.00	1 000.00

注：本表列示了不同利润率和市销率所对应的市盈率。例如，一家公司的市销率是 1.0，利润率为 7.5% 时，对应的市盈率为 13.33。这便于比较当市销率不变时，未来不同的利润率对应的市盈率。可将此表放在手头备用。

范例：迪宝公司

用一个例子可以阐明市销率作为分析评估工具的用途。

专栏 4-1 摘自《华尔街日报》（1983 年 2 月 15 日）上的一篇文章《华

尔街传闻》。文章涉及迪宝股票当时给投资者的过山车式体验。请阅读前三段。迪宝股价从 51.875 美元迅速跌至 10.875 美元的低点,然后又反弹到 25 美元。在这个过程中很多人伤透了脑筋。

专栏 4-1 投资者追捧拉抬,迪宝价升量增

作者:R. 福斯特·威南

去年迪宝公司收到的分手信比一船水手还要多。现在,位于得克萨斯州圣安东尼奥的这家计算机系统制造商开始收到情人节礼物。

1982 年初,迪宝披露其订单和盈利预期被夸大了。此后,市值的 30%,即约 8 亿美元,在几个月内蒸发殆尽。由于截止到 7 月 31 日的财务年度利润下降了 95%,迪宝的股价从 51.875 美元下跌至 10.875 美元。

股价艰难地反弹,年度结束时接近了 18 美元。但在过去的两周里,"情人节礼物"真的开始起作用了。过去 9 个交易日股价上涨了 22%,昨日收于 25.125 美元,与前一日持平。大部分涨幅来自上周五,迪宝股票因成交量激增而大涨 12%。在过去两天里,该公司 2100 万股已发行股份中大约 5.5% 换了手。

交易员表示,购买热情来自几家经纪公司,这种行为表明,困扰该股将近一年的被收购传闻依据不足。相反,分析师表示,这只股票可能正在追赶其他科技股,买家可能押注这家公司会在预期的经济复苏中迎来转机。

尽管有些投资者仍然对其未来持怀疑态度,并且抛售了股票,但最近至少有两位分析师给了迪宝好评。

福尔曼(Furman Seiz Mager Dietz & Birney)公司的技术分析师彼得表示,迪宝"非常值得买"。彼得先生对迪宝 1983 财年利润的估计是华尔街最高的,每股达 1 美元。这样该股目前的市盈率约为 25,甚至可以

与科技领域一些最具吸引力的参与者有得一比，如市盈率为 13 的 IBM、市盈率为 11 的数据控制公司。

彼得先生喜欢该公司的"质的变化"。他表示，迪宝的现金状况已有大幅改善，符合预期。在手现金从 1983 财年末的 5000 万美元增长到 7 月的 1.09 亿美元。

他断言"这家去年看起来快破产的公司，资产负债表出现了令人惊讶的改善"。

彼得表示，迪宝拥有坚实成熟的客户基础，其客户包括纽约市 14 家主要银行中的 13 家，并且在"微机通信系统"占有最大的市场份额。

彼得先生得出结论，基于强大的客户基础，当经济开始实质性复苏时，迪宝的销售额和利润可能会激增。

旧金山汉鼎证券的分析师劳伦斯·W. 罗伯茨对迪宝公司今年的盈利复苏不太乐观。他预测 1983 财年每股利润为 30～50 美分，但他也同意，如果经济大环境好，该公司 1984 财年每股盈利可能至少为 2 美元。

1 月 20 日西部信托公司向美国证券交易委员会提交了购买迪宝 5.7% 已发行股份的申请。这是迪宝收到的最大的情人节礼物之一。

这项投资抵消了大机构的大量抛售。其中普信集团、BEA 联合企业两家机构已从其投资组合中抛掉了约 200 万股。

许多分析师似乎同意，该股仍然抛压沉重。

所罗门兄弟公司的分析师弗雷德里克·D. 齐格尔表示："对于短线投资者来说，现在可能是退出的时机。"

齐格尔先生还预测，1983 财年的利润会再次低迷，每股利润约为 50 美分，1984 财年将温和复苏，每股利润约为 1.50 美元。他说，这些数字是"不确定的"，"当股价降至这么低的水平时，市场对我们的预测很难抱有信心，预测也可能保守了"。

他表示，对于长期投资者来说，现在买入这只股票，"必须相信这家公司有能力将新系统导入一个竞争激烈、变化迅速的市场。但我不知道有谁能够这么肯定"。

迪宝可能已经遇到了麻烦。1981 年 4 月，该公司发布了一款名为 ISX 的电子开关设备，称"在未来两年及以后，它将为我们的增长和利润做出重大贡献"。

现在，差不多两年过去了，迪宝的一位发言人说，"我们在 ISX 方面遇到了些困难，特别是在软件方面，而且最近还没交货。到目前为止，有点令人失望"。他还说 ISX "还没有带来任何收入"。

该公司对华尔街的盈利预测未予置评，只表示公司对受益于经济复苏"持乐观态度"。

到底发生了什么？这篇文章说了很多，但没有给出清晰的答案。华尔街总是喜欢云里雾里的。

迪宝在 1981 年股价的最高点为 67.5 美元。1981 年 4 月 1 日股价为 58 美元，此时，公司市值接近 12.5 亿美元（约合 11.83 亿美元）。在之前的 12 个月里，该公司的销售额约为 3.63 亿美元，这样市销率就是 3.25。正如《华尔街日报》所指出的，该股股价随后跌至 10.875 美元的低点，当时的市值为 2.22 亿美元，跌幅超过 80%，其销售额并未明显下降。因此，市销率从 3.25 降至 0.61。利润不见了。这是典型的"成长中的小挫折"。

事实上，迪宝的销售增长一直相当迅速。当《华尔街日报》的文章发表时，迪宝的年销售额已攀升至约 5.14 亿美元，盈利能力开始恢复（就像第 1 章讲的，这是个小挫折）。当然，到那时股价也从低点翻了一番多。但究竟发生了什么？

一开始，华尔街对迪宝的估值过高（市销率为 3.25）。如果投资者希望获得可观的长期利润，那么像迪宝这样规模的公司，其市销率不应该给到 3.25。后来，迪宝的估值又跌得太低（市销率为 0.61）。耐心地持有任何市销率低于 0.75 的超级公司，都会带来可观的利润。

超级强势股是（同等体量下）以低市销率买入的超级公司的股票

专栏 4-2 是在 3 ～ 5 年时间里用超级强势股赚 3 ～ 10 倍本钱的市销率投资规则。

专栏 4-2

规则 1：

回避市销率大于 1.5 的股票，永远不要购买市销率大于 3 的股票。市销率如此高的股票短期可能会大涨，但这只是基于"炒作"。除非你想冒着长期亏损的风险获得一点短期小利，否则请远离这类股票。对于散户来说，我再怎么强调也不为过。

规则 2：

努力去寻找市销率为 0.75 或更低的超级公司。周围总会有这样的公司，长期持有这类公司的股票以获取盈利。

规则 3：

卖掉一切市销率上升到 3.0 ～ 6.0 的超级公司股票。如果你不想冒太大的风险，那么一到 3.0 就卖出。如果你愿意冒稍微大一点的风险，希望过度的乐观情绪会继续推高股价，那么就挺住，希望市销率能上升到 6.0。如果你喜欢赌博，可以等到市销率更高再卖。

按华尔街的眼光，以高市销率销售的股票已经有了很高的预期，而以较低市销率成交的超级公司则是那些令人感到气馁并且高度怀疑的公司。

什么算低市销率，什么算高市销率，为什么

让我们花点时间回到迪宝的例子。在市销率 3.25 时买入的投资者遭到了重创，而在市销率 0.6 时买入的人却大发横财。

在市销率为 0.6 时，迪宝的市值仅相当于 1982 年利润的 6 倍，也相当于分析师后来对 1984 年利润预测的 5 倍（详见《华尔街日报》文章）。一家以 5 的预期市盈率交易的超级公司的股票会上涨，这有什么奇怪的呢？在这个案例中，市销率 3.25 太高，但市销率 0.6 则相当有吸引力。总是这样吗？

寻找答案

当其他条件相同时，市销率会随着公司规模的扩大而下降。费雪投资公司 5 年内跟踪了 62 家科技公司的市销率。在此期间，市销率大幅增加，尤其是一些较小的公司。然而，贯穿整个研究过程，有几件事保持不变。

▶ 大公司的市销率往往比小公司低。
▶ 大部分惊喜来自市销率低于 1.0 的股票。
▶ 最令人失望的是，高市销率股票带来的糟糕结果。

我们使用了一个数据系统来分析其客观性——旧金山汉鼎证券的《月度统计摘要》。多年来，汉鼎证券一直是科技投资和承销领域领先的专业投行。它们的《月度统计摘要》提供跟踪标的的统计数据。使用它们的

系统，我们不用自己挑选要跟踪的股票，它们已经挑好了。

几乎所有这些公司都是科技公司。[一]从1978年的摘要开始，我们每季度跟踪这些股票。随着时间推移，一些股票因为收购、破产或汉鼎证券对它们失去兴趣而跌出了榜单。

当一家公司被另一家公司收购时，我们根据收购日期和收购价对其进行估值，将其从榜单中剔除。如果汉鼎证券对一家公司失去兴趣，而将其踢出榜单，我们则会收集必要的信息以继续研究该股票（就像它继续在榜单中一样）。假如一家公司因破产而离开了榜单，我们继续把它放在名单上，直到其价格跌到破产的水平，然后我们再把它从榜单上撤下。数据库可以很方便地根据规模把公司分为三类。

1. 销售额低于1亿美元的公司38家。

2. 销售额在1亿～6亿美元的公司15家（后面出现了一个缺口，没有一家公司销售额在6亿～10亿美元）。

3. 销售额超过10亿美元的公司9家。[二]

第一个值得关注的问题是，整个名单上小公司的市销率有多低。如后面所示，在1982年和1983年，许多这种规模的公司市销率从3到10，甚至到30。但在1978年初，名单上市销率最高的公司是沃特世，其市销率为2.53。38家小公司的平均市销率仅为0.80。排名最低的是信息杂志，市销率为0.24。表4-2显示了小规模公司名单上市销率排在前10位的股票的名称和排名。1978年，它们进入世界上最有价值企业的行列了。

[一] 在汉鼎证券的系统中还有些非科技股票，它把科技股和非科技股放在两个小节中。我们可以放弃非科技股票，专注于科技公司。其中一个题为"特殊情况"的小节包括科技公司和非科技公司。我们涵盖了诸如MSI数据和阿米康等科技公司，排除了默文这样的非科技公司。唯一让我们举棋不定的是艾特，它一开始市销率高于平均水平，我们决定不将艾特包括在内，将其视为金融公司而不是科技公司。事实证明，如果我们将艾特包括在内，会强化我们的研究结论。

[二] 这些规模反映了该时间段开始时的销售额。到五年结束时，大多数公司规模大幅增长。

表4-2 1978年1月31日汉鼎证券《月度统计摘要》中市销率最高的10家公司

排名	名称	市销率	12个月销售收入 （百万美元）	市值 （百万美元）
1	沃特世	2.53	34	86
2	工业数据系统	1.46	24	35
3	试验数据	1.38	13	18
4	缤特力	1.19	54	64
5	四相系统	1.13	80	90
6	MCI通讯	1.13	72	81
7	分时服务	1.00	92	92
8	赛科	0.99	72	71
9	超威半导体	0.93	82	76
10	计算机自动化	0.92	52	48

那么这些公司此后表现如何？有三家非常成功。它们是：工业数据系统，排名第2；MCI通讯，排名第6；超威半导体，排名第9。持有这些股票的人赚了大钱。

工业数据系统公司起始市值为3500万美元，1981年初被施伦贝格公司以市值2.12亿美元收购后离开了榜单，当时它的市销率为3.8。伴以非常出色的业绩，MCI通讯的市值从8100万美元一路增加，到1983年初我们结束研究时达到49亿美元（重复一下，10亿美元级别！）。这使得MCI通讯的收盘市销率为4.9，远远超过任何同等规模公司的最高值。按市销率标准，MCI通讯是当时世界上同等规模企业中估值最高的公司。最后，在1983年初，超威半导体的市值从7600万美元增加到9.86亿美元，市销率为2.9。

相比之下，有些股票则令人失望。试验数据公司在1978年排名第三，市值1800万美元。到1983年初，市值已降至1000万美元，而1982年市值曾降至最低点400万美元。当我们开始这项研究时，计算机自动化的市值为4800万美元，而结束这项研究时市值为2900万美元。作为市销率最高的股票，沃特世虽然不是最糟糕的，但确实令人失望。1978 年，它的市值为 8600 万美元，市销率是 2.53——显然是大众的宠儿。1980 年第 2 季度，它被密理博以 9100 万美元收购并掉出榜单了。

在所谓的前十名单中，其他公司表现得还不错。例如，赛科被收购的价格只比其初始价值高出 8%。研究开始时，分时服务的市值是 9200 万美元，期间升至 6.22 亿美元的短时高点——当时市销率为 2.6，后来市值降至 2.04 亿美元，而市销率则为 0.67。[○]

要理解这些高市销率公司中十之有七的糟糕表现，就要先了解，对于整个科技板块来说这是非同寻常的几年——一个几乎史无前例的上涨时期。在此期间，汉鼎证券科技股指数市值上涨了 5 倍以上，平均复合增长率约为 40%。在这种背景条件下，市销率最高的 10 只股票中有 7 只表现不佳，这一点格外引人注目。

低市销率的股票则形成了惊人的对照。信息杂志列在排行榜最后一位，市销率为 0.24，市值仅为 800 万美元，在这项研究结束时，它已更名为计算机与通信技术公司，市值超过了 1.5 亿美元，市销率超过了 2.0。格兰杰最初市值仅为 900 万美元，市销率为 0.50。研究结束时市值超过 2.5 亿美元，市销率超过 5.0。它的市销率 5 年内增加了 9 倍以上。

一些市销率较低的股票上涨倍数不多，但不管怎样表现都很不错。例如，芬尼根公司开始时市销率为 0.43，市值仅为 900 万美元。而研究结束时市销率为 1.20，市值为 6600 万美元，比研究开始时高出 6 倍多。加州微波公司（见第 15 章的案例）在研究开始时市值与市销率分别为 1900 万美元和 0.63，到 1983 年初，其市值超过 1.5 亿美元，市销率为

1.50。罗尔姆（研究期间真正的超级强势股）在研究开始时市销率十分接近全组平均市销率，为0.81，市值为2900万美元。在研究结束时，其市值超过11亿美元，市销率超过2.5。

这些股票升值的重要原因是随着科技股越来越受欢迎所形成的强大牛市（最近，科技股按市销率衡量，市值被高估太多了，这是个强劲的牛市）。到1982年11月，汉鼎证券名单上27只股票市销率超过3.0，其中8只超过6.0。此后增长速度加快。到1983年5月，名单上54只股票市销率超过3.0，其中27只超过6.0（想想看，在1978年初，榜单上最高的市销率只有2.534）。

我们注意到，与1983年相比，1978年市销率是非常低的。通过比较过去半个世纪的市销率（见第6章和第7章），可以清楚地看出所谓的科技股市销率在1978年较低，在1983年较高（不要仅仅因为市销率低就买，你还需要关心股票质量）。⊖

毫无例外，在开始时市销率低于1.5的股票后来涨幅都达到了500%～1000%。只有两只超级强势股市销率高于1.0。

看这些股票的相对表现可以得出一些洞见。

市销率排名第三低的企业其股价表现（按季度）一直优于市销率排名第三高的企业。如果你把MCI通讯和超威半导体剔除，比较结果就更惊人了（当然，MCI通讯和超威半导体本身就很有价值）。⊜有趣的是，客观选择的同类的股票（每只股票都注重了质量），低市销率的比高市销率的（在每个季度以及整个研究时段）有更多盈利潜力和更小风险。鉴于此，投资者要避免购买那些市销率高的股票。

⊖ 事实上，世界上最糟糕的公司在走向破产的过程中，往往会以极低的市销率被收购。

⊜ 研究得出的一个结论是，汉鼎证券在挑选股票赢家方面做得非常出色，它们选中的股票中，亏损者相对较少，损失相对较小，平均涨幅极其可观。五年来，它们不断调整成分股，淘汰了未来的失败者，调入的股票在此期间的表现好于它们替代掉的。

市销率：销售规模关系图上的右斜线

表 4-3 显示了 1982 年 11 月汉鼎证券名单上按规模和市销率划分的公司数量。例如，表中数据显示有 4 家公司销售额在 1 亿～2 亿美元，市销率在 0～1.0。同样，表中数据显示只有 1 家公司销售额在 3 亿～4 亿美元，市销率在 3.0～4.0。

表 4-3 1982 年 11 月汉鼎证券《月度统计摘要》中涵盖的公司市销率与
其销售规模的关系

过去 12 个月	公司数量（市销率在以下区间内）							
销售收入	0～1	1～2	2～3	3～4	4～5	5～6	≥6	合计
0～1 亿美元	8	17	16	3	2	5	8	59
1 亿～2 亿美元	4	7	2	3	2	1*	0	19
2 亿～3 亿美元	2	2	1	0	0	0	0	5
3 亿～4 亿美元	1	2	2	1+	1‡	0	0	7
4 亿～8 亿美元	2	4	2§	0	1‖	0	0	9
8 亿美元以上	11#	5	2**	0	0	0	0	18
合计	28	37	25	7	6	6	8	117

注：* 坦登。

　　+ 超威半导体。

　　‡ 天腾电脑。

　　§ 苹果、主流电脑。

　　‖ MCI 通讯。

　　# 包括充满传奇的通用数据公司、摩托罗拉、国家半导体、北方电讯、存储技术公司、德州仪器、泰克科技。

　　** 王安电脑、英特尔。

表 4-3 中的一条斜线从左下角向右上端，划出了我所谓的"海市蜃楼"的门槛。这条斜线右边的区域要么没有公司能达到，要么只有华尔街极少数卓越公司才能达到。在这条线上或右边的那几家公司的名称已被标示出来。从市销率指标来看，在同等规模下，它们是榜单上估值最高的公司。它们中的每一家在某个方面都是出类拔萃的。它们包括超威

半导体、苹果电脑、英特尔、MCI 通讯、主流电脑、天腾电脑、坦登和王安电脑等。1982 年 11 月名单上市销率最高的是英特康，市销率为 18.78，而其销售收入只有 1800 万美元。表 4-4 显示了市销率最高的八家公司。

表 4-4　市销率最高的 8 家公司

公司	年销售额 （百万美元）	市值 （百万美元）	市销率
英特康	18	338	18.78
卡拉珍	9	120	13.33
家庭护理	22	217	9.86
基因泰克	26	251	9.65
汇聚技术	63	568	9.02
希捷	44	316	7.18
泰拉公司	32	221	6.91
益世电脑	48	326	6.79

并不是说这些股票不能上涨。在 1982 年 11 月～ 1983 年 5 月的强劲市场中，它们确实在此基础上有所上涨，但潜在回报（太小）不值得冒险。想想迪宝的例子。事实上，尽管自 1982 年 11 月～ 1983 年 5 月，这些高市销率公司股价不断上涨，但表现还是不如榜单上低市销率的股票（从中长期看，高市销率组的表现始终不如低市销率组）。

有几只个股例外地脱颖而出，但例外的数量太少了，对投资结果几乎没有影响。例如 MCI 通讯，随着它成长为一家大公司，其市销率从已经很高的水平继续上涨到极高的水平，这是个罕见的例外。回顾一下表 4-3，它独自位于对角线的右边，但这种例外是很少的（MCI 通讯股票后来暴跌）。

既长个头又长胖

这项研究的另一个有趣的结果是，特大型公司的市销率始终低于相对较小的公司。这在研究开始时不如研究结束时明显，但在整个过程中都是这样的。市销率最高的总是规模较小的公司。在名单上销售额超过10亿美元的9家公司中，1978年初平均市销率仅为0.63。惠普和数字设备公司是同组里面规模虽小但价值最高的顶级公司。排除这两家后，这一组的平均市销率仅为0.41。

可以预料，随着一家公司规模的扩大，它的市销率不会高于跟它未来规模相仿的公司的最高市销率。这是本研究最重要的结论之一（我怎么强调其重要性都不为过）。

表4-3中关于最大规模公司的部分显示了随着公司规模扩大，市销率降低的情况。11家销售额超过8亿美元且市销率小于1.0的公司给人的印象并不差，它们是几十年来备受尊崇的公司，包括德州仪器、存储技术和通用数据等。[⊖]

五家销售额超过8亿美元，而市销率在1.0～2.0的公司很有趣，因为其中三家公司的市值才几十亿美元。事实上，惠普和数字设备公司是名单上仅有的两家市销率大于1，而价值为数十亿美元的公司。这几家公司的特点是相对于它们所达到的规模而言，它们的市销率较高。它们的市销率估值几乎与许多小公司一样高（数字设备公司后来暴跌了）。剩

⊖ 这份名单的发布日期比德州仪器个人电脑问题"浮出水面"早了6个多月。当时，德州仪器被视为"安全的"个人电脑"玩家"。对于一家大型公司来说，它的市销率很高（接近1.0），但与小型公司相比，它的市销率很低。在写这本书的时候，情况已经发生了变化。德州仪器黯然失色，宣布了重大的减记和亏损。1983年仲夏，该公司的市销率降至0.67——对于其同等规模的公司来说，这不算高也不算低。

要想了解这些低市销率公司曾经受到追捧的程度，只需看看过去的市销率即可。1973年，通用数据的市销率为12.59，股价为49美元。1983年，其市销率为1.03，股价超过60美元。1973年，存储技术的市销率为4.3，股价为7美元。在冲到40.75美元的股价峰值后，1983年的股价约为16美元，市销率为0.60。存储技术的销售额一路从2600万美元增长到10亿美元。德州仪器1973年的最高市销率为3.26，那时其规模还不到现在的1/4。

下的现代大型著名科技公司，也就是那些被机构投资人牢牢持有的公司，市销率都不到 1.0。

高处不胜寒

高市销率是危险的。我们知道，随着一家公司的成长和壮大，它的市销率往往会下降。当公司销售额超过 10 亿美元后，市销率往往会降至 1.0 以下。很少有公司能逃脱这样的命运，即使高于 1.0 也高不到哪里去。由于市销率一般随着规模扩大而下降，如果某家公司的销售规模对应现有的市销率来说太大了（换句话说在如此体量还有如此高的市销率），那么它一定很脆弱，而且升值潜力不大。

考虑一个例子。威宝公司在第 14 章将作为一个案例来讨论。从 1983 年开始往前看，威宝公司的股票并不便宜。1983 年仲夏，威宝的股票价格超过 50 美元，市值超过 6.1 亿美元，年销售额为 1.2 亿美元——市销率为 5.1。我认为威宝是一家了不起的公司，它在软盘方面应该有着辉煌的未来。然而，一家这样规模的公司的市销率如此之高，从本质上来说是非常可怕的。除非整个市场普涨（所有股票都戏剧性地翻倍上涨），否则当威宝的销售额达到 10 亿美元左右时，其市值不太可能明显超过 10 亿美元。

海市蜃楼的门槛

威宝的销售额必须增长到原来的 10 倍，才能使股价翻倍。○在一段

○ 假设威宝的销售额从 1.2 亿美元增长到 12 亿美元，增长到原来的 10 倍。如果市销率为 1.0——这是个合理偏高的水平，那么它的市值将为 12 亿美元。这正好接近当前 6.1 亿美元市值的两倍。

足够短的时间内，销售额增长 10 倍，从而使股价翻番，使持有者获得可观的回报，这种可能性有多大？我认为不太可能（为了满足我们对超级强势股的最低要求，它必须在三年内完成）。更可能的是，在追求快速增长的过程中，公司需要现金并发行更多的股票，增加流通在外的股票数量——增加市值和市销率，而不增加现有股东的价值（随着公司的发展壮大市销率会下降。同时，由于为了支持增长而增发股票筹资，原有股票会被稀释）。

　　我并不是说威宝的市值不能提升，显然它是能的。我想说的是，股价要上涨，就只能逆流而上了。1983 年，它逆行越远，受伤的人就越多，或者至少在以后会让人们感到失望（威宝后来果然暴跌了）。请再次参考表 4-3 的思路，当我最初购买威宝股票时，它位于 1981 年 1 月列表的第 1 列第 1 行。当我在 1983 年卖完股票时，它已经移到第 6 列第 2 行，这是海市蜃楼的门槛。[⊖]

打新股的生意经

　　在 1982 年和 1983 年，多家公司的首次公开发行（IPO），都是在市销率高到能导致悲剧的估值水平上完成的。投资者极有可能在许多项目上损失大笔的钱，即使不是损失了大部分的钱。当一家公司以 10 的市销率上市时，这与一家税后利润率 10% 的公司以 100 的市盈率上市一样（参见表 4-1）。很少有公司能长期赚取 10% 的税后利润率。这些高市销率股票的公开发行，多数将导致投资者长期亏损，而没有带来投资者预期中的收益。

　　投资者似乎很少关心这些公司在多大程度上是真正杰出的企业。贪婪且疯狂的"投资者"打电话给经纪人，磨破嘴皮想得到他们承销的 300 股"XYZ"。当被告知不是"XYZ"而是"ZXY"时，他们也同样想要。毕竟这是"新股"。在这种泡沫市场中，人们相信凡是股票都会上涨，而很少关注基本面。

即便如此，如果一只新股是按照 1982 ～ 1983 年发行市场的畸高市销率定价的，关注基本面就没有实质意义了。当牛市结束时，最大的输家将是畸高市销率新股的买入者，这些股票随后的表现未能达到预期。

另一大拨输家往往是那些购买了少数确实达到预期的极高市销率股票的人（与威宝市销率过高的原因相同）。如果你想从一只市销率为 10 的股票上获得回报，也许要花费很长的时间。我劝你最好还是去买市政债券。当这种疯狂的市场行为开始时，惩罚期总是来得很快，许多人因此遭罪。这一次也不例外。火鸡市场会把钱留给那些有技术且经验丰富的人，把教训留给那些钱多且贪婪的人。

即便如此，有些股票即使是在牛市的高点，也可能很便宜。当一家公司失宠时，股价可能会迅速大幅下跌，如迪宝的例子所示。这在牛市和熊市中都是如此。我对威宝公司的成功投资，是在 1981 年牛市的顶峰时购买的公司股票。市场一旦幻想破灭，就会走向极端。同样，当过于乐观时，事情就会走向另一个极端。为什么买入一家市销率不大于 0.75 的超级公司的股票会使你立于不败之地呢？

这是因为它卖出时的市盈率很低，很快会涨起来。[⊖]市销率为 0.75 意味着市值和销售额之间的关系介于 0.75 ～ 1.0，但很快它的销售将增长 20% ～ 40%，因此基于当前价格的预期市销率将为 0.6 或更低（0.75/1.20=0.62，0.75/1.40=0.54）。从理论上讲，市销率 0.6 对于一

⊖　有人提出，你无法预测未来的市盈率是多少。是的，做不到。不过正如第 3 章所述，具体而微的盈利预测也没什么作用。市销率的整个概念旨在帮助你在盈利预期不必精确的情况下买入股票。

个税后利润率为 5% 的企业来说，意味着其市值等于利润的 12 倍（根据表 4-1 推断），对于一家税后利润率为 7.5% 的公司来说，市值仅仅是其利润的 8 倍（见表 4-1）。

我们已经看到，超级强势股是以 0.75 或更低的市销率购买的超级公司的股票。我们还看到，与任何其他单一工具相比，使用市销率可以让投资者从一个更清晰而稳定的角度来观察股票的估值。它既可以用于盈利的公司，也可以用于亏损的公司。它既可以用于短期利润很高的公司，也可以用于短期利润很低的公司。它既可以用来评估私人买家收购的整个公司的价值，也可以被用作一个警告信号，提示股票的潜在危险。

然而就其本身而言，市销率仍然是个有限的单一工具——它肯定是个强有力的工具，但仍然有局限。没有一个单一工具有足够的交互核对功能来确保结果可靠。生活不是那么简单。

在研究科技股时，对市销率的一个有价值的交互核对工具是市研率，我将在第 5 章讨论它。

市研率：聪明头脑价值几何

难题："请"鲸鱼上岸

如果你想"请"一头鲸鱼到岸上来，却只用一根绳子去拽它，未免显得有点愚蠢。要拿大量鱼叉包围它，以确保万无一失。

如果你想买一只超级强势股，估值时加入几个不同的指标是很有用的，这能确保你得到的是一只超级强势股，而不仅仅是个昂贵的超级公司。市研率有助于发现市销率（或其他估值方法）的盲区。

本章仅适用于讨论高科技公司的估值。市研率提供了对研发投入的估值方法，而高科技公司在超级公司中占据了相当大的比例。因此，市研率在超级强势股分析中起着重要的作用。

市研率在两方面有助于避免投资失误：

▸ 避免购买那些从市销率看估值便宜，貌似超级公司的冒牌货。

▸ 提供了一条线索去发现从市销率看估值很高，但实际上很便宜的超级公司。

在后面我会细说，虽然市研率不如市销率名气大，然而，这是个有价值的交互检查，可以避免市销率带来的误判。

什么是市研率

市研率等于公司的市场价值除以公司过去 12 个月的研发费用。[⊖]市研率反映的是公司市值与研发预算之间的一种算术关系。请注意：不是市值与生产力或研究成果的关系。

要理解市研率的内涵，就必须理解研发的功能和作用——一个鲜为人知的概念。媒体上有很多关于研发的行话。听了媒体、华尔街或成功的高科技公司对研发的说法，你会不知所云。"研究""研发""产品开发""商业开发""技术工程"，不管你叫它什么，在大多数企业都指的是同一件事。它就是个满足客户需求的工具，并没有什么神秘的。

研发是一种商业行为

在大多数企业，研发是商业化的，研发过程中并没有什么特立独行的事情。当然了，独特的研究是存在的，但只有为数不多的大型机构才进行独特的基础研究，如贝尔实验室、惠普、IBM、德州仪器和政府实验室以及大学里。其他人所做的工作应该更恰当地称为商业研发或应用开发。顾名思义，商业研发比基础研究更有实用性（对某些人来说也许没那么刺激）。

把研发看作商业行为的理念并没有成为广泛共识。人们宁愿相信，研发既复杂又独特。有些企业的管理者想让你相信他们拥有真正独特的

⊖ 公司的市场价值等于完全摊薄的股份数量乘以股票价格。

技术团队，这会给他们的竞争对手带来巨大的压力。许多估值偏高的公司都把这一套说得天花乱坠。

许多推介高科技公司的卖方人士也常说类似的话，但这几乎从来都不是事实。通常情况下，这些公司最多只能暂时领先于同行。

研发是一种商业行为，研发也需要管理，有时候还挺难管的。有些公司管得比较好，但不同公司之间研发管理的差别并不像表面看起来那么大。之所以看起来差别很大，是因为不同公司的研发成果天差地别。

在研发成果具有独特性并且貌似具有非商品性的情况下，怎样把研发商业化？为什么某家公司的研发成果层出不穷，而另一家却乏善可陈？如果研发真是某种意义上的商业行为，这怎么可能同时存在呢？不同公司的研发根本差别在哪里？答案很简单——市场营销。

市场调研左右技术研发

最基本的市场调研左右了产品特性和产品能否成功，从而左右了技术研发成功与否。一家公司比另一家技术研发做得更好——这是经常发生的事。在很大程度上是因为它提前进行了市场调研，它了解什么技术能够打开市场（偶有例外的情况是，那些市场调研能力很弱的公司运气特别好，能在正确的时间，偶然地获得了市场需要的技术和产品）。

亚当·奥斯本在个人电脑市场上看到了一个巨大的市场空缺。在短短四个月里，设计开发出了奥斯本1号并投放市场。其销售额高达数亿美元，并在个人电脑便携性方面开创先河。奥斯本的研究并没有比别人做得更好（研究和产品开发非常简单，一共只花了四个月时间），他对未来市场需求的精准洞察力（也许是运气）在公司成立的头两年带来了巨大贡献。

奥斯本没能成功建立管理团队。市场不断成熟，他仅凭自己的市场敏感度没能正确意识到个人电脑的下一个革命性阶段——兼容性的 IBM 电脑上市。这一错误使得他接下来的两款计算机维克森（这个项目由于 IBM PC 的上市而终止，因此从没对外发布过）和总裁 1 型的研究毫无意义，这也让公司实质上变得一文不值。

1983 年 9 月，奥斯本被迫解雇了所有的生产工人，雇员人数从最高时的 1000 人减少到只有 80 人。奥斯本计算机公司摇摇欲坠，奥斯本唯一的希望是设计出一款兼容的机器，能够赶上快速变化的市场。对市场准确的洞察成就了奥斯本公司，而对市场错误的认知摧毁了它。对市场的理解比技术本身更重要。⊖

通常，一家公司花几年时间开发一种产品，但在上市不久就被迫停产或转让给他人，经济损失很大，多年的研发费用全部打了水漂。为什么？因为没有正确理解市场需求。

1983 年初，我访问了内华达州里诺市的林奇通讯系统公司。他们刚刚淘汰了一款名为阿特拉斯的新产品，这是一款新一代客服机。年报显示，他们近期的大部分研发工作都集中在阿特拉斯上，但产品被淘汰了——代价是 500 万美元，没能收回多少成本。

当受到质疑时，管理层还自豪地夸耀阿特拉斯的一流技术。后来却因为卖不出去，他们只好把它淘汰了。需要该产品的潜在客户财务状况非常窘迫，无力下单。林奇公司的研发工作等于在白白烧钱。

管理层并不认为这是营销工作中的根本缺陷。林奇公司甚至没有营销经理。公司首席执行官迪克·德廷格的大部分时间花在海外旅行推销上，对此他很擅长。但是谁负责全面的市场营销工作呢？由于市场营销疲弱不堪，使得研发毫无价值。

营销不善的公司很少看到自己的问题，它们摔了一个又一个跟头。它

⊖ *The Wall Street Journal*, September 12, 1983, p. 31.

们本应努力引进一流的营销人才，然后把新产品的决策权交给他们。恰恰相反，它们总是跌跌撞撞地重复错误的道路。失败的教训就是这样形成的。

一家公司不擅长市场营销，它就不是一家好公司。一家高科技公司不擅长市场营销，它也不是一家好的高科技公司。一家超级公司在市场营销方面一定是能够胜任的（不必完美）。

具有强烈市场意识和全面管理能力的公司（超级公司）一定会高效地建立研发机构来实现它们的目标。毕竟，这是一家初创公司的首要任务。有人对产品有了创意，然后雇用必要的人才来实现它（这就好比前面提到的奥斯本电脑的例子）。

多数风险投资家表示，他们更愿意支持一家由技术薄弱的营销专家领导的公司，而不愿意支持一家由营销薄弱的技术专家领导的公司。研究团队是可以组建的。一旦一家公司开始运作，没有一个研究人员是必不可少的。管理层有时会认为某人特别不可或缺，但事实往往并非如此。

假设我们经营的是一家规模虽小但很重要的公司，公司每年销售额5000万美元。为了建立研究团队来开拓新的市场，我们自己做了一点研究——很可能是和我们现有的技术副总裁一起做的。我们确定了该领域的领军人物，技术副总裁以一种相当传统的方式雇用和管理他们。这做起来并不难。[⊖]

研发工作会有很大差别吗？真没那么大。研发成果的差别大部分源于最开始研发了什么。产品应该是什么样的？它应该如何运作？为什么客户更喜欢它而不是其他产品？产生购买的动机是什么？这些营销因素决定了高达80%的研发成效。

⊖ 市面上有很多关于研发管理的书籍。我不打算深入研究这个问题，因为超出了本书的范围。感兴趣的读者可以参考菲利普·H. 弗朗西斯的《研发管理的原则》（纽约：AMACOM，1977年）。更多的内容可以从他的参考书目中获得。我个人的经历载于附录4。

另外的20%则取决于管理能力，在这部分，长期业绩将因公司而异。超级公司能获得更好的长期业绩。取得好的结果并不容易，它需要做到：

- ▶ 坦诚愉快的管理。
- ▶ 聘用优秀人才的意愿。
- ▶ 感召人人尽力工作的魅力。
- ▶ 对时间管理的敏锐性。
- ▶ 包容有鲜明个性的技术天才。
- ▶ 目不转睛的专注力。

这些技能十分稀缺，有无这些技能会造成橄榄球教练隆巴尔迪和水暖工那样的天壤之别。[⊖]

解决方案

这一切与股票估值有什么关系？简单说就是不要为研发买单太多。

要买超级强势股，你需要用低价买超级公司。你得尽量回避企业对于产品研发技术的吹嘘，明确工程技术没有什么神秘之处。一家公司能从研发中获得什么，其真正关键在于市场营销。一旦你确定了营销能力，对研发估值就变得相对容易了（有些问题后面再说）。

市研率使用规则

使用市研率指标可以帮你摆脱困扰。为了购买超级强势股，需要考虑以下规则：

⊖ 文森特·托马斯·隆巴尔迪（Vincent Thomas Lombardi），是美国职业橄榄球联赛最成功、最受尊重的教练之一。——译者注

规则 1:

千万不要买一家市研率高于 15 的超级公司，会有很多公司能以较低的估值买到。

规则 2:

寻找市研率在 5 ～ 10 的超级公司。你不太可能找到市研率远低于 5 的公司（这么低的估值早已被人买走了）。

市研率反映了市场对公司研发的估值。既然我们知道工程技术中没有什么魔力，而且大多数研发的成功实际上只是良好营销的一个结果，那么为研发支付太多的代价显然是愚蠢的。

20 世纪 80 年代初，大多数首次公开发行的股票都是以研发费用的 15 倍发行的，甚至更高，真正热门的达到研发费用的 50 ～ 200 倍。这样，市研率和市销率就成为互为补充的指标。它们显示股票的价格太高了，也许这些股票还能赚钱，但它们算不上超级强势股。因为从这样的价格算起，人们不太可能在三五年内赚到 3 ～ 10 倍的钱，在购买这些高市研率新股后更可能赔钱。

除了新股，这些规则也适用于二级市场。在第 3 章中，威宝公司有很高的市销率，1983 年它的市研率也很高，超过了 100。这太恐怖了。首先，市场对销售高估了，其次，如果研发与公司市场价值相关性那么低，哪里还有足够的新产品来推动销售增长从而推高股价呢？避开这些高价公司吧。（如果有人买高市研率、高市销率的股票赚了钱，你有必要羡慕他们吗？至少你没有赔钱，一定要确保你不去赔钱。）

如果市研率反映了市销率，为什么还要去分析市销率呢？因为二者不是总能反映彼此的情况。当二者不是完全同步时，你在投钱之前就需要先回答一些有趣的问题。如果该公司的市销率和市研率同时很低或同时很高，那么它们就是完美印证了彼此。但是，如果一低一高，会是怎么样？真得好好琢磨琢磨。

当一家超级公司的价格（根据市销率）看起来很高，但实际上相当便宜时，市研率会有所帮助。假定一个超级公司的市销率有点高，比如1.0，假设它有个非常低的市研率，比如5.0。这意味着公司正在捕捉市场机会，当前的研发支出将很快产生一批新产品（甚至产品线），这将提升销售和利润。请仔细研究一下这家公司的市场营销能力。如果能力很强，那么这家超级公司很可能值得拥有稍高一点的市销率，只是因为某些原因使得市研率给低了。如果这家公司的市场营销做得不好，其研发支出就不会有结果，所以它就不是一家真正的超级公司。

将市研率与市销率结合起来使用，可能会使得你认真考虑本来会忽略掉的超级强势股，市研率有助于投资者发现可能错过的投资机会。

最近，我买进了芬尼根公司的股票。该公司是全球领先的质谱仪（一种精密的分析仪器）生产商。这只股票对我来说似乎有点贵，市销率为1.0。然而，按照市研率，似乎又不贵。这促使我更深入地了解下去，确实有很多深具潜力的新产品的研发正在酝酿之中。时间会证明这项投资是否成功。但如果没有市研率，仅看它的市销率，我会放弃购买，这样可能就会错过一个绝佳的投资机会。

假定某个公司的股票被人说成是超级强势股（如果人们在吹捧一只股票的话，那对它来说就是一个很糟糕的信号），在按市销率0.75出售。仅看市销率，它似乎符合我们的要求（请注意，这里丝毫没有提到收益），但是假设市研率是25，那就太贵了。这意味着该公司没有把好钢用在刀刃上，没有花该花的钱来全力开拓自己的未来，研发水平很低。显然，市场营销部门并没有付出努力，或者还没有找到机会。

由于研发本来就没有任何神奇之处，即使该公司的研发工作可能会产生结果，但也无法令产品销量暴增，无法降低公司的市销率。或许公

司正在进行外部收购，因为它找不到足够的内部增长潜力。管理层可能
非常了解市场，鉴于增长潜力低，他们选择了这种"低研发高收购"的
策略。

在这个案例中，将市研率与市销率结合起来使用，可以避免投资那
些徒有其表的伪超级强势股。低市销率只是个可恶的诱饵，在这种情况
下，市研率能帮助我们规避亏损。

围绕市研率的争议

太精确地使用市研率是错误的。它应该被当作一个宽泛的估值指标，
不要吹毛求疵。相反，在少数情况下，当市销率不能给出准确的估值解
释时，可以用市研率来进行补充分析。首先考虑市销率。你不该因为一
只股票的市研率是 10.4 而买入，或者另一只股票的市研率是 11.8 而不
买。如此精细只会引起失误，还有许多其他更重要的影响因素。

市研率不应该被当作神枪手的武器。一家公司的研发支出可能比另
一家公司略多。一个研发机构的实质效率可能比另一个高出 20%。如果
使用市研率指标是为了筛选出这种高出 20% 的研发效率那就太愚蠢了。
仅仅由于市研率低而购买一只股票是绝对错误的，很多研发可能都是徒
劳的。低市研率本身就是个可恶的诱饵。不要表现得过于单纯——要仅
仅把市研率作为一个宽泛的交互核对指标。市研率的最大价值不在于找
出便宜股票，而在于避免亏损。

市研率是一个新概念，投资者还不习惯。它既不被广泛理解也不被
广泛接受。任何新的概念都会遇到一些抵制。各种批评的声音已经出现
了，有些是符合逻辑的，但大多数是没道理的。通过考察它们，你将更
好地了解市研率用在哪里合适，用在哪里不合适。

批评 1：

"同一笔支出在不同的公司核算科目不一样，在一家公司算作研发，在另一家就不算。由于这些数字不具有可比性，强行进行比较显然是愚蠢的。"

这种说法在某些情况下可能是正确的，但很多时候不对。企业对研发的会计核算口径越来越一致。大多数上市公司倾向于夸大或者至少充分说明它们的研发行为。研发已成为一种时髦。如果一家公司没有做大量研发，很多人会认为这家公司没有前途。

20 世纪 70 年代，随着埃德蒙·G. 布朗作为美国第一位科技倡导者在重要的加利福尼亚州州长选举中获胜，研发首次成为政客的口头禅。现在连美国总统都公开表示支持研发。所有政客都表态赞成，没有人反对。国会的专门委员会定期开会，讨论如何促进高科技公司的风险投资。

硅谷有国会众议员艾德·恰乌的支持。艾德·恰乌由成功的高科技公司创始人兼首席执行官转做公务员，受到了媒体的广泛关注。

所有这些狂热导致对研发支出巨大的税收优惠。审计人员走向他们的客户去宣传国会的口号。他们向客户展示了如何通过把边缘项目列为研发项目来节省现在和将来的税收。现在任何能搭上边的东西，都算作是研发了。因此，研发即使不被夸大，通常也是尽可能充分地披露。（不过，正如下一个批评所指出的那样，一些公司在研发方面的披露可能比另外一些公司要多些。）

批评 2：

"政府资助的研发费用可能不包括在内，但它仍然可以教会企业宝贵的技能，这些技能随后可以用到商业化产品中去。"

虽然政府资助的研发可能不会直接转化为商业产品，但员工会学到技能。在某个时间点——也许马上、也许几年后，他们学到的东西可以帮助他们开发商业产品。

我同意。事实上，市研率应涵盖公司的全部工程技术工作，不仅包括政府资助的研发，还包括任何形式的第三方赞助的研发或工程（如第三方赞助的广告）。一些公司的年度报告中没有显示第三方赞助的研发费用，但这些信息仍然可以随时获得——通常在其呈报美国证交会的 10-K 文件中有详细说明，该文件可根据公司的书面要求提供。

第三方赞助的研发不仅可以直接促进技术工作，还可以间接地对市场营销做出贡献。加州微波公司在这个问题上有个有趣的观点。其创始人、董事长兼首席执行官戴夫·利森解释说，如果他们不能说服客户无论如何预支一些研发资金，那就说明客户并不急于得到产品。这样的话，加州微波公司必须长期而认真地关注市场需求是否真的存在。

因此，加州微波公司在大部分研发活动中都获得了第三方赞助的研发资金。工程技术方面的雇员大比例增加，市场营销方面的雇员比重下降。从某种意义上说，工程师在做市场营销工作。也许这对利森来说是有效的，因为他们公司的合同平均价格很高，100 万～ 1500 万美元的合同很常见（对于制售软心豆粒糖的公司来说，要获得大量的第三方研发资金则要困难得多）。

如果第三方赞助的研发资金在公司提交给美国证交会的 10-K 文件中没有详细说明，这时该怎么办呢？仍然可以知道大致的研发活动。获取直接参与公司技术工作的工程师人数是很容易的（通常 10-K 文件中有，但不是总有），在行业协会的名录中也可以查到。⊖一个公司的员工总数中，有

⊖ 你可以请图书馆工作人员帮助查找这些信息。例如，激光行业的一个典型信息源是《激光焦点买家指南》，它每年出版一次并按地区显示员工人数。这类出版物还显示了更多的产品类型和系列、详细的产品规格、可用的服务、一般的技术信息、供应商、按功能领域划分的产业公司以及术语定义（如究竟什么是激光校准器或自动准直仪？它们是否受到衰减的影响）。

多少比例是参与技术工作的？一般来说，你可以按照这个比例的三分之二来估算研发费用占销售额的百分比。这虽然不十分精确，但也八九不离十。

举个例子，假设一家公司有12%的员工从事包括公司出资的和第三方赞助的研发，公司总的研发费用很可能占销售额的8%（=12%×2/3）。同理，即使一家公司没有第三方赞助的研发项目，也能估算出研发费用。

批评3：

"将研发资金用于市场维护的防御型公司，其估值应低于将研发资金用于积极拓展新兴市场的公司。两者的市研率不具有可比性。"

这个论点无效。防御型公司应该有较低的市研率，这些数字是可比的。这是将证券投资限制在超级公司的最佳论据之一。一家超级公司不会在防御性项目上花费太多，这是不必要的。这个论点不适用于超级公司，因而它也不适用于超级强势股。

批评4：

"有些行业需求旺盛，不需要太多的研发来激发大量的增长。同样，这些公司的市研率将不具可比性。"

我同意。卓越的市场营销，从一开始就把它们带到了成功状态。市场研究引领技术研究。超级强势股的市研率往往在5～15。少见的例外情况是，一个好的产品设计成本太低，以至于呈现很高的市研率，股票价格压缩得像一根等待爆发的弹簧。此外，常识告诉我们，如果一个产品的设计不需要花什么钱，那么技术往往不是其关键。

批评5：

"既然市场营销在决定研发成效方面如此重要，为什么还要强调市研率？"

这是它的迷人之处，也是人们难以接受市研率这个概念的原因。研发是商业化的，所以可以很容易进行定量分析。市研率是一种定量方法，用于衡量可量化的东西，以帮助确定适当的估值。神奇之处在于营销。营销既难以定量分析，又必须进行定量分析。把你的定量分析重点放在市场营销上，由此判断这是不是一家超级公司。

批评6：

　　"大公司市研率会更低，因为它们可以将同样的研发工作分散到更多的部门。看看 IBM 公司和它的追随者阿姆达尔公司吧。"

是的，大公司市研率可能更低。这是有原因的。由于市销率和市研率倾向于正相关，而且大公司往往具有较低的市销率，因此大公司往往具有较低的市研率。阿姆达尔通常比 IBM 有更高的市销率和市研率。我对阿姆达尔的了解还不够，不知道它是不是一家超级公司。但我对 IBM 了解很多，知道它是个超级竞争者。如果可能的话，我宁愿不与 IBM 竞争。真正的问题是关注阿姆达尔，以确定这是不是一个超级公司。如果不是，就不要买。如果是，同时使用市销率和市研率来判断它是不是超级强势股。

其他对市研率概念的批评也可以讨论明白。很多批评来自那些认为研发很神秘的人，但是研发并不神秘。既然它并不神秘，市研率就可以有效地估量它。市研率只不过是一种简单的方法，可以看出投资界为一批优秀的人才支付了多少代价。一个理智的投资者需要知道一群优秀的头脑价值几何。

第 6 章

用市销率衡量非超级强势股

广义的市销率概念

那些非超级强势股会发生什么情况呢？也许你从莫里斯叔叔那里继承了一些股票，也许你在上市公司工作，或者你隔壁邻居在上市公司上班。也许你喜欢大公司，也许你讨厌大公司。也许你对某些行业感兴趣，你想研究这些领域的每家公司。大多数公司都不是超级公司——因此大多数的股票都不是超级强势股。你如何用市销率分析自己特别感兴趣的股票？

市销率的历史（追溯到 20 世纪 20 年代）证明了它作为分析工具的有效性。市销率不会告诉你应该买什么股票，但会告诉你什么股票应该回避。它指向有吸引力的领域。这里对"高"或"低"市销率（在第 4 章里）的定义稍微进行修改还是有必要的。

本章将介绍少量理论和大量的历史。包括：

▶ 广义的市销率概念。

▶ 过去的教训——20世纪60年代和70年代初牛市中的市销率。

▶ 市销率和美国"大烟囱"股票。

▶ 把市销率当作股市的温度计。

▶ 证券市场"垃圾堆"的市销率。

下一章将从20世纪30年代的历史角度来审视市销率。市销率在大多数股票的分析中都有价值。基本作用类似于市销率在超级公司中的应用：

▶ 避免以高市销率买入任何股票。

▶ 在低市销率的股票中寻找机会。

历史揭示了市销率分析的力量。以高市销率买入股票会导致：

▶ 巨大的损失。

▶ 很小的利润。

最大的利润通常来自以低市销率购买的股票。非超级公司的股票必须以低于超级公司的市销率购买，这已成为常识。我们来看看为什么要这样做，怎么才能做到。

一般来说，购买大公司股票时，其市销率应该为0.4或更低。即使在最强劲的牛市中，大多数股票也应该在市销率不高于2.0时卖掉。即使是最强势的股票，也应该在市销率接近3.0时卖掉。所谓的"烟囱型"股票应该在市销率接近0.80时卖掉——如果不能更低的话，这取决于其未来的利润潜力。

过往利润率较低的不知名的小公司可能以市销率低至0.05的价格出售。购买这些小公司的股票需要极其注重分析其未来的利润（见第10章和第11章）。当这些公司的市销率已经相对高于其未来的潜在利润率时，就应该卖掉其股票。

过去的教训——20世纪60年代和70年代初牛市中的市销率

20世纪60年代到1973年的大牛市史上罕有。市场上乐观情绪泛滥。大量新股以惊人的速度和极高的价格发行上市。人们热议着股票市场的新时代。许多大公司的股票以30～60的市盈率发行，小公司股票则以100甚至更高的市盈率发行。

20世纪60年代，小公司登上了头条。20世纪70年代初，随着大公司主导市场，人们开始谈论"双层市场"。不过事件的发展总是如此，过度的乐观情绪被一段报复性下跌终结。1973年后的9年整个股市非常艰难。价格暴跌，后来也未能恢复到前高点（1974年和1982年的股价都很低，有些典型的股票能以低于清算价买到）。

某些行业表现得好些。科技股在1978年开启了牛市，并在这段时间内一直表现很好。石油股有了一段强劲的日子，创下了新高。但大多数股票都停滞在1968年或1972年的高点以下。

在整个20世纪六七十年代，市销率指出了机会和风险。在20世纪60年代和70年代初的"双层市场"中，股票的市销率高到离谱。一个简单的卖出股票的行为能让投资者省下一大笔钱。

当市销率接近4.0时，投资者甚至应该卖出最强的大公司的股票。来看几个例子。

图6-1是数据控制公司的股票走势图。在1968年的高峰期，其市销率为4.4。对于这样一个体量的公司来说，这是非常高的市销率——经通胀调整后该公司当时的体量大致相当于今天一家销售规模10亿美元的公司。那时它每股80美元，到1975年股价已跌至6美元以下，损失超过90%。在如此低的水平上，其市销率仅为0.18。

到1981年，尽管数据控制公司规模已经是1968年的7倍，但股价仍然只有当年的一半。如果在 1974 年市销率首次跌破 0.4 时购买这只股票，浮亏将被限制在不到 1 年的时间内。在接下来的 6 年里，其股价上涨了三倍多。在低市销率时买入会带来令人愉快的回报。在市销率涨高了以后还持有数据控制公司的股票，则是一场灾难。

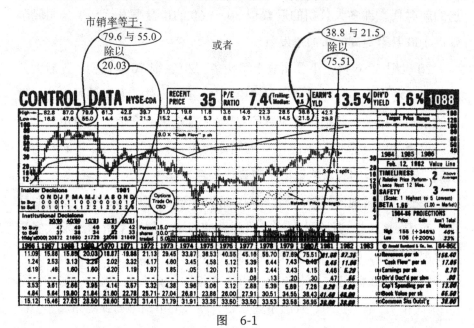

图 6-1

资料来源：*Value Line Ratings & Reports*. Reprinted by permission of the publisher. Copyright, Value Line Inc.

DEC 公司是另一种失败的例子。其股价多年来一直在上涨，但是比起公司销售额的增长，股价的增长还不够亮眼。作为一家业绩出色的企业，DEC 的销售额从 1970 年的 1.35 亿美元增长到 1981 年的超过 30 亿美元——年复合增长率远超 30%。尽管如此，这只股票整体回报相对较低，因为起初市销率太高了。只有不到 1/3 的销售增长率转化成了股价的增长率。1970 年初达到每股 42 美元的高点，1981 年一度达到 113 美元 / 股的峰值，股价年复合增长率仅为 9.1%，如果它不是销售额持续成长的公司，那还说得过去。在它 1970 年的高点，市销率是 9.0。

市销率如此高的股票应该抛掉。DEC 初始的高估值导致了股价相对于企业规模高速增长的疲弱表现。到 1981 年，DEC 的最高市销率降至 1.9。它的业绩增长被市销率的下跌所吸收，而没有转化为股价的快速上涨。初始市销率很高，但销售增长速度高到还能够带来些股价增长，这样的公司为数不多，DEC 是其中之一。从另外一个角度看，在 1970 年初至 1975 年之间持有这只股票，尽管公司业绩大幅增长，投资者仍会亏钱。最差的情况下，损失将达到原价的 62%。到 1975 年最低点时，DEC 的市销率已降至 1.4。即使是最快的销售增长率，如果初始市销率太高，也无法提供优异的股票投资回报。到了 20 世纪 80 年代初，这家公司已经成长为一家大型公司，但其市销率仍然是同等规模中最高的，这预示其股票未来的表现会相当差（1983 年底，DEC 股价就暴跌了）。

柯达公司是一家杰出的公司，几十年来一直公认如此。20 世纪 60 年代，投资者越来越相信它。到 1973 年，其股价达到 150 美元的峰值，市销率为 7.0。悲剧已经注定，当其市销率升破 3.0 时就应该卖掉。十年后，公司规模大得多了，但股价从未回到之前的高点。在这个过程中，股价一直不到其最高水平的一半。从 20 世纪 60 年代中期开始，当其市销率达到 4.0 时，除了持有柯达公司的股票，随便做什么事情都能很容易地获得更高的未来回报率。在市销率达到 3.0 时抛售，虽然无法获得最大收益，但能够避免未来的损失（参见图 6-2）。

强生公司是另一家业绩飞速增长但股价未达预期的公司，因为预期太高了。作为一家 1973 年销售额超过 15 亿美元的公司，它在投资界备受瞩目，当时其市销率为 5.4。在后来 10 年的大部分时间里，尽管公司规模增长了近 5 倍，人们还是可以轻易用不到 1973 年 3/4 的价格买到股票（参见图 6-3）。

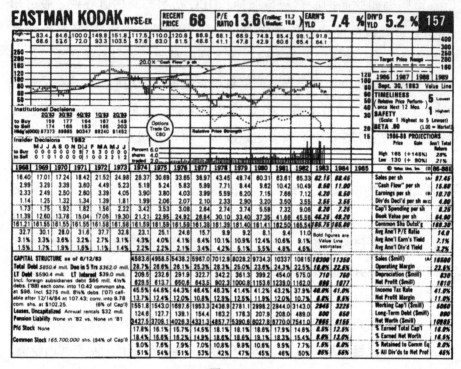

图 6-2

资料来源：*Value Line Ratings & Reports*. Reprinted by permission of the publisher. Copyright, Value Line Inc.

把摩托罗拉与上述公司进行对照。它的市销率从来没有高得离谱。其温和的业绩增长推动了股价上涨。1968 年，它的市销率只有 1.1，1972～1973 年，市销率仅为 1.5。比起 1973 年的峰值，1974～1975 年股价跌了 50%，但这只是短暂下蹲。到 1976 年，它的温和增长使股价收复了大部分失地。到 1981 年，摩托罗拉股价创下新高。其适中的市销率，带来了比整体市场更好的结果。

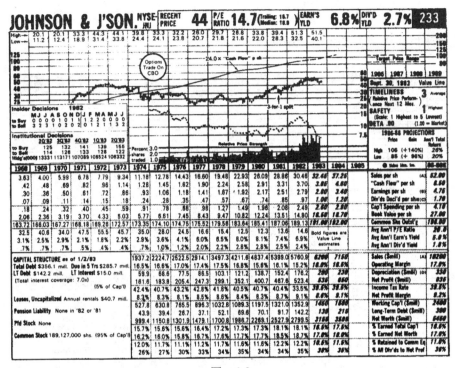

图 6-3

资料来源: *Value Line Ratings & Reports*. Reprinted by permission of the publisher. Copyright, Value Line Inc.

　　1968 年,宝丽莱市销率为 8.3,股价为 140 美元。1973 年,其市销率为 6.7,股价维持不变。1974 ～ 1983 年间,它的股价始终没有超过 60 美元,大多数时候,股价还不到 40 美元。从顶峰到谷底,市值缩水了 87% 以上。只有卖掉股票才能避免损失,因为市销率太高了。最好别再去想这只股票能涨多快,能挣多少钱。除了股价太高,其他什么都别想了(参见图 6-4)。

　　我可以继续举出 20 世纪 60 年代高增长企业的例子:雅芳、博士伦、3M、百得、IBM、先灵葆雅、沃特金斯 – 约翰逊,它们都是高增长公司。AM 国际和施乐绝对是佼佼者。这些所谓高增长企业的增速不足以支撑其早期的高估值。如果一家公司规模很大，市销率很高，它的股票要么带来巨大失望，要么是一场彻底的灾难。

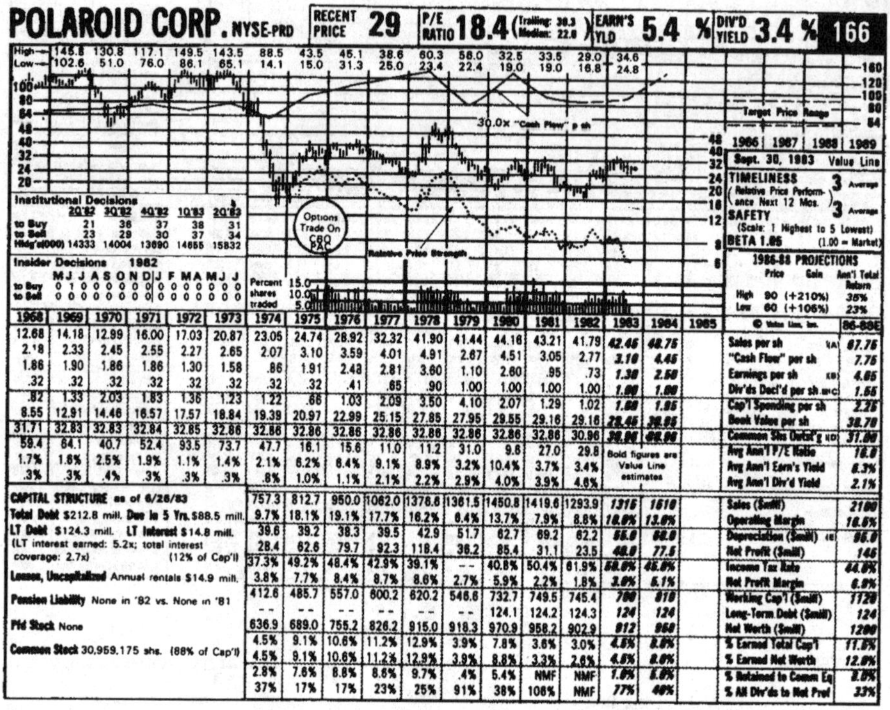

POLAROID CORP. NYSE-PRD RECENT PRICE **29** P/E RATIO **18.4** (Trailing: 30.3) (Median: 22.8) EARN'S YLD **5.4 %** DIV'D YIELD **3.4 %** 166

图　6-4

这一概念同样适用于小公司。20 世纪 60 年代，林奇通信系统公司的股价迅速攀升，且具有高市销率。其股价从超过 40 美元的峰值（市销率为 4.6）跌至 4 美元以下（市销率为 0.35）。如在低价位时买入，后来的 4 年股价增长了 5 倍多。对于一家很少有人将其视为超级公司的公司来说，这个结果还不算太坏（参见图 6-5）。

应用磁学、自动数据处理公司（ADP）、计算机视觉、高压工程、国际整流器、美杰等，都是好例子，它们完全遵从市销率在小公司身上的规律。这样的例子还有许许多多。你也可以找到几个发展速度足够快的小公司，它们在市销率很高的情况下，还能提供极好的回报。

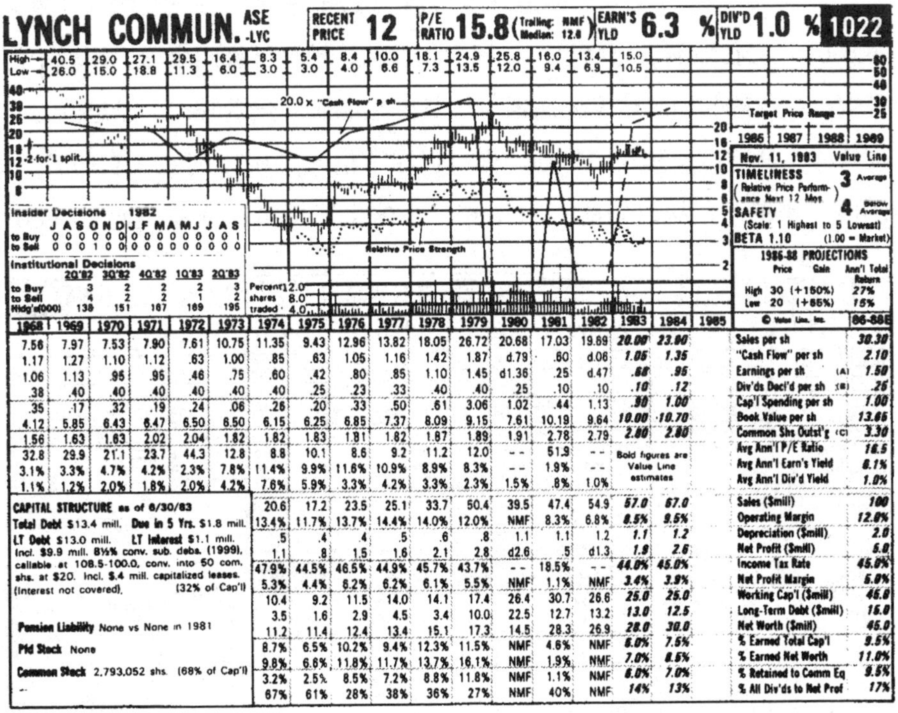

图 6-5

资料来源：*Value Line Ratings & Reports*. Reprinted by permission of the publisher. Copyright, Value Line Inc.

英特尔就是其中之一。你可以在 1974 年的股价最高点（16 美元）买入英特尔的股票，当时市销率为 8.5。在接下来的 7 年里，英特尔规模增长了 13 倍多。如果以 16 美元的价格买入，那么在未来 6.5 年里，你的资金将增至原来的 3 倍。这并不是超级强势股的回报率，英特尔确实是一家超级公司，但它的股价太高了，不能成为一只超级强势股。如果你想拥有英特尔股票，可以用更好的方式。你可以在 1974 年底或 1975 年初以不到 4 美元买入（市销率为 1.1），由此开始，你可以在同一时期内赚 10 倍。

假如你在 7 年里以每股 16 美元的成本持有英特尔，最终股价也只能涨到 3 倍。你也可以将市销率概念应用于大型多元化的"大烟囱"股票。

1974 年，PPG 工业公司是一家市值为 17 亿美元的多元化公司（参见图 6-6）。它在玻璃、氯碱化工、油漆和涂料、玻璃纤维四个深耕领域中都是数一数二的公司。这家公司很少因其内在品质受到赞誉，可能是因为它服务于平凡的汽车和住宅行业。你可以在市销率为 0.30 时买入它的股票。在接下来的 7 年里，它的股价增长了 3 倍多，但市销率从没超过 0.60。

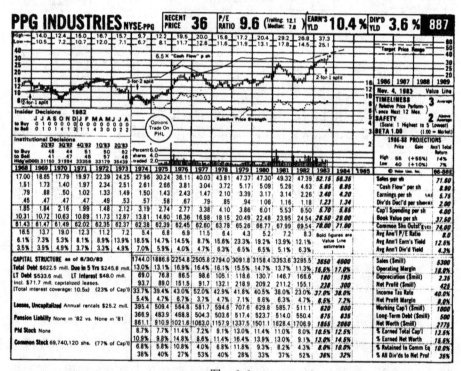

图 6-6

资料来源：*Value Line Ratings & Reports*. Reprinted by permission of the publisher. Copyright, Value Line Inc.

在著名公司身上也可以看到类似结果。美国钢铁是我八成不会持有的股票。然而，即使在基本面不佳的情况下，应用这些原则也很容易使投资者在1972～1976年间赚3倍。美国钢铁的股票可以在1972～1973年高涨的股市中以较低的市销率方便地买到。从市销率仅为0.35的峰值开始，它的股价在1974～1975年的低迷的股市中稳步上升，持有它让人几乎感觉不到这几年间整个市场的崩溃。

看看知名度较低的公司。位于弗吉尼亚州里士满市的环球烟草公司是一家烟草进出口商。1972～1981年，其股票价格以15.5%的年增长率上涨，屡创新高。当时股市很不景气，它的销售额年增长率只有7.5%，平均利润率只有3%。但环球烟草初始市销率真的很低，只有0.18（参见图6-7）。

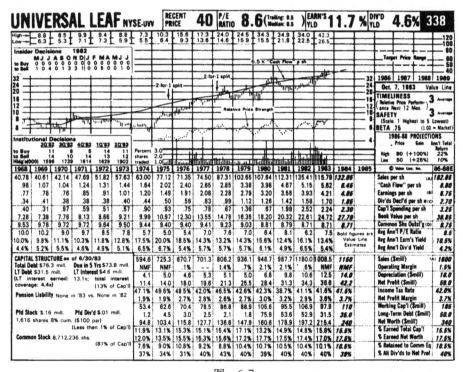

图 6-7

或者，以洛杉矶喷气式飞机制造商诺斯罗普公司为例。1972 ～ 1981 年，其销售额以可观的 14% 增长，平均利润率约为 3%。从 1972 年（那时最高市销率仅为 0.15）开始，股价以平均每年 23% 的速度跳涨（见图 6-8）。雷神公司与之类似。它的销售额每年增长 16%，利润稳步提高。其市销率在 1972 年的最高值为 0.51，在 1981 年上升到 0.81。在这一过程中，股价以年均 23% 的幅度上涨。

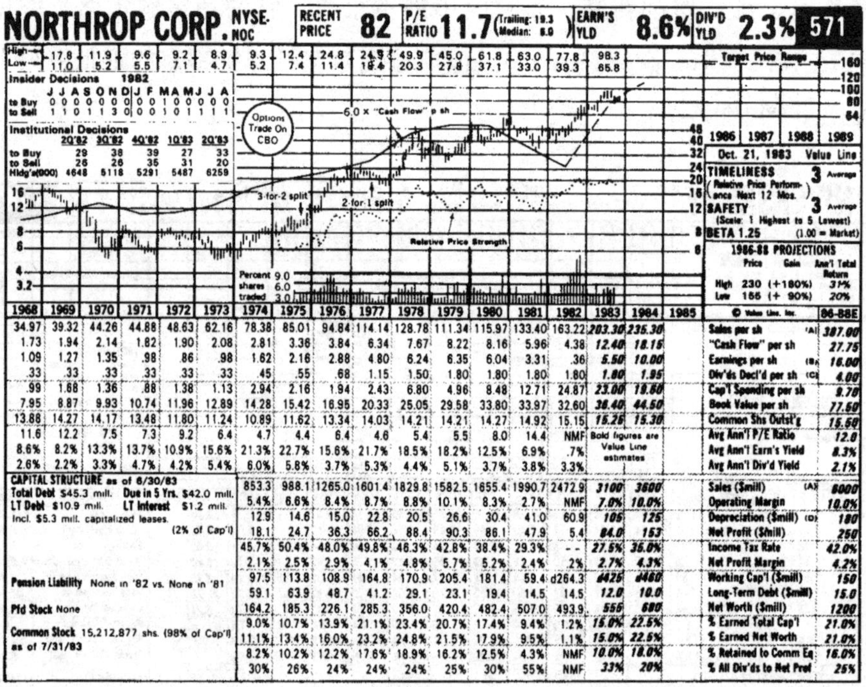

	1968	1969	1970	1971	1972	1973	1974	1975	1976	1977	1978	1979	1980	1981	1982	1983	1984	1985	© Value Line, Inc.	86-88E
	34.97	39.32	44.26	44.88	48.63	62.16	78.38	85.01	94.84	114.14	128.78	111.34	115.97	133.40	163.22	**203.30**	**235.30**		Sales per sh (A)	**387.00**
	1.73	1.94	2.14	1.82	1.90	2.08	2.81	3.36	3.84	6.34	7.67	8.22	8.16	5.96	4.38	**12.40**	**18.15**		"Cash Flow" per sh	**27.75**
	1.09	1.27	1.35	.98	.86	.98	1.62	2.16	2.88	4.80	6.24	6.35	6.04	3.31	.36	**5.50**	**10.00**		Earnings per sh (B)	**16.00**
	.33	.33	.33	.33	.33	.33	.45	.55	.68	1.15	1.50	1.80	1.80	1.80	1.80	**1.80**	**1.95**		Div'ds Decl'd per sh (C)	**4.00**
	.99	1.68	1.36	.88	1.38	1.13	2.94	2.16	1.94	2.43	6.80	4.96	8.48	12.71	24.87	**23.00**	**19.60**		Cap'l Spending per sh	**9.70**
	7.95	8.87	9.93	10.74	11.96	12.89	14.28	15.42	16.95	20.33	25.05	29.58	33.80	33.97	32.60	**36.40**	**44.50**		Book Value per sh	**77.60**
	13.88	14.27	14.17	13.48	11.80	11.24	10.89	11.62	13.34	14.03	14.21	14.21	14.27	14.92	15.15	**15.26**	**15.30**		Common Shs Outst'g	**15.60**
	11.6	12.2	7.5	7.3	9.2	6.4	4.7	4.4	6.4	4.6	5.4	5.5	8.0	14.4	NMF				Avg Ann'l P/E Ratio	**12.0**
	8.6%	8.2%	13.3%	13.7%	10.9%	15.6%	21.3%	22.7%	15.6%	21.7%	18.5%	18.2%	12.5%	6.9%	.7%				Avg Ann'l Earn's Yield	**8.3%**
	2.6%	2.2%	3.3%	4.7%	4.2%	5.4%	6.0%	5.8%	3.7%	5.3%	4.4%	5.1%	3.7%	3.8%	3.3%				Avg Ann'l Div'd Yield	**2.1%**
							853.3	988.1	1265.0	1601.4	1829.8	1582.5	1655.4	1990.7	2472.9	**3100**	**3600**		Sales ($mill) (A)	**6000**
							5.4%	6.6%	8.4%	8.7%	8.8%	10.1%	8.3%	2.7%	NMF	**7.0%**	**10.0%**		Operating Margin	**10.0%**
							12.9	14.6	15.0	22.8	20.5	26.6	30.4	41.0	60.9	**105**	**125**		Depreciation ($mill) (D)	**180**
							18.1	24.7	36.3	66.2	88.4	90.3	86.1	47.9	5.4	**84.0**	**153**		Net Profit ($mill)	**250**
							45.7%	50.4%	48.0%	49.8%	46.3%	42.8%	38.4%	29.3%	- -	**27.5%**	**35.0%**		Income Tax Rate	**42.0%**
							2.1%	2.5%	2.9%	4.1%	4.8%	5.7%	5.2%	2.4%	.2%	**2.7%**	**4.3%**		Net Profit Margin	**4.2%**
							97.5	113.8	108.9	164.8	170.9	205.4	181.4	59.4	d264.3	**d425**	**d460**		Working Cap'l ($mill)	**150**
							59.1	63.9	48.7	41.2	29.1	23.1	19.4	14.5	14.5	**12.0**	**10.0**		Long-Term Debt ($mill)	**15.0**
							164.2	185.3	226.1	285.3	356.0	420.4	482.4	507.0	493.9	**555**	**680**		Net Worth ($mill)	**1200**
							9.0%	10.7%	13.9%	21.1%	23.4%	20.7%	17.4%	9.4%	1.2%	**15.0%**	**22.5%**		% Earned Total Cap'l	**21.0%**
							11.1%	13.4%	16.0%	23.2%	24.8%	21.5%	17.9%	9.5%	1.1%	**15.0%**	**22.5%**		% Earned Net Worth	**21.0%**
							8.2%	10.2%	12.2%	17.6%	18.9%	16.2%	12.5%	4.3%	NMF	**10.0%**	**18.0%**		% Retained to Comm Eq	**16.0%**
							30%	26%	24%	24%	24%	25%	30%	55%	NMF	**33%**	**20%**		% All Div'ds to Net Prof	**25%**

图 6-8

资料来源：*Value Line Ratings & Reports*. Reprinted by permission of the publisher. Copyright, Value Line Inc.

纽约市的汉迪哈曼公司的股票也表现优异。1972 ～ 1981 年，它的股票以 29% 的年增长率增长，从一个高峰走向另一个高峰。销售额仅以 12% 的年增长率增长，利润率从 1.3% 跳到 3.8%，回到 2.2% 后再上升到 3.8%。但该股一开始市销率仅为 0.20。仅仅凭着说得过去的经营业绩，这只股票成了真正的赢家（参见图 6-9）。

日本相机制造商佳能在 1972 年市销率的峰值为 0.58。在接下来的 9 年里，它的股价上涨了 9 倍多。当然，公司业绩有了巨大的增长。可对那些在起步时市销率很高的公司来说，即使同样业绩有巨大的增长，股价后来仍表现很糟。

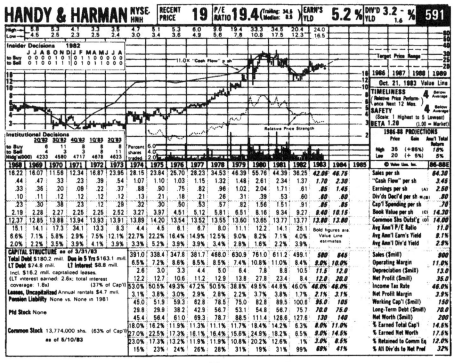

图 6-9

资料来源：*Value Line Ratings & Reports*. Reprinted by permission of the publisher. Copyright, Value Line Inc.

还有很多例子。在整个 20 世纪六七十年代，使用市销率分析的原则都是有价值的。卖出或不买高市销率股票，能使投资者避开大多数造成长期灾难的股票。无论是超级公司还是非超级公司，大部分最好的投资机会都出自市销率从低至中排位的股票。除了规避高市销率股票，投资者不需要做很多事，就能获得比平均水平更高的回报。

低市销率的股票就不会下跌吗？当然会。1974年和1975年，大多数股票都在下跌。低市销率股票也不例外。但平均来看，和高市销率股票相比，它们跌幅更小、复苏更快、反弹更高。

这条规则有例外吗？当然有，主要的例外领域似乎是与自然资源有关的股票板块。以生产溴的五大湖化学为例。这家公司的股票通常以超过常规的市销率出售，但股价表现非常好，从1972年到1981年增长了7倍。在石油和天然气领域有很多例外情况。汤姆·布朗油气、多切斯特天然气、盖蒂石油、刘易斯石油、菲利普石油、萨宾石油、皇家南方石油等公司都是例外（我怀疑这组例外情况是由持续的全球石油危机导致的）。

没有其他例外吗？例外总是有的，但你必须费劲才能找到它们。你不必找到每一个好的潜在投资机会，你只需要确保你投资的是好的。找到那些不是例外的更容易。在整个20世纪六七十年代，对于评估潜在机会和避免损失来说，市销率被证明是具有独特价值的工具。

市销率和美国"大烟囱"股票

市销率适用于基础产业的股票吗？这些公司没有大张旗鼓地宣传自己，它们生产我们日常生活中所需的基本材料和部件。钢铁、汽车、化工、造纸、采矿或机械行业的公司呢？所有不太知名的中小型企业呢？市销率对它们还适用吗？

非常适用！这些公司的市销率通常低于那些引人注目的公司。这些公司大多利润率不是很高、增长速度也不是很快，因此市销率更低也是合情合理的。

如果你想投资这些股票，我的建议是：

▶ 在市销率低于 0.4 时买入。

▶ 在市销率接近 0.8 时卖出。

通常，这些股票的市销率永远到不了 0.8，需要尽快卖出。如果有的公司前景特别不好，那么最好在市销率接近 0.6 时就卖掉。与任何其他股票一样，利润率分析是关键（见第 10 章和第 11 章）。传统企业的股票通常会从很低的水平开始，之后呈现良好的上升态势。然后，它可能会在市销率 0.5 ～ 0.6 时"失速"（由于我只推荐超级公司，所以我倾向于持谨慎态度：我会快速卖掉这些质量较差的公司的股票，落袋为安，而不是持有并盼望着市销率上升）。

表 6-1 和图 6-10 摘自《价值线》。美国铝业几乎是传统股票的完美例子。根据《价值线》的数据，你可以计算其市销率。

表 6-1　美国铝业 1972 ～ 1981 年最高市销率和最低市销率

年份	1972	1973	1974	1975	1976	1977	1978	1979	1980	1981
高点	0.71	0.82	0.64	0.73	0.72	0.61	0.46	0.44	0.54	0.56
低点	0.48	0.48	0.32	0.40	0.45	0.41	0.33	0.34	0.37	0.34

将市销率高低值与股价高低值进行比较，你可以体会到市销率是如何应用于传统行业的。如果按下面这样做，你就能够做得更好：

▶ 当市销率开始接近 0.8 时，卖出美国铝业股票，或者不持有该公司股票。

▶ 当市销率低于 0.4 时，买入美国铝业股票。

遵循这些步骤，你可以几乎完美地交易股票。以实现短期利润最大化的短线交易是有风险的，我并不推荐，但如果你确实要做短线交易，市销率仍然是个有价值的工具。

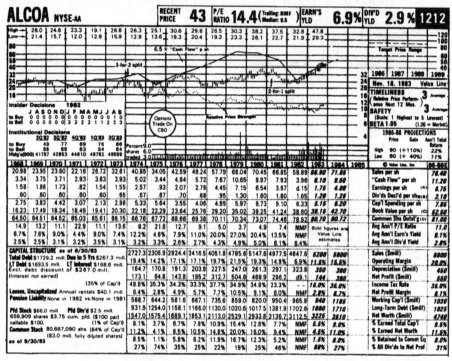

图 6-10

资料来源：*Value Line Ratings & Reports.* Reprinted by permission of the publisher. Copyright, Value Line Inc.

看一下加利福尼亚的标准石油公司。图 6-11 是《价值线》上该公司的图表。使用我们的市销率概念，你就：

▶ 避开了该股在 1972 年和 1973 年的高点，从而避免了损失。

▶ 除了 1980～1981 年它创新高的那段时间，你可以在 1974～1981 年之间任何时间购买它，这是十分有利可图的。

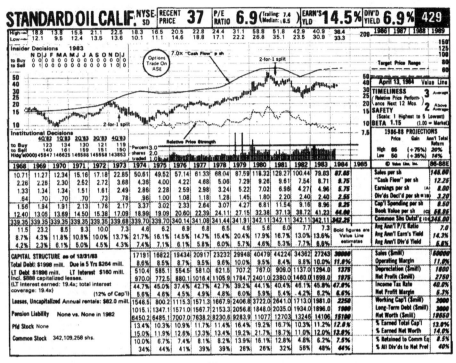

图 6-11

资料来源：*Value Line Ratings & Reports*. Reprinted by permission of the publisher. Copyright, Value Line Inc.

国际矿物和化学公司是又一个例子，它是西方最大的肥料生产商。图 6-12 给出了《价值线》上的统计数据。按照我们的规则，除了 1973 年，你可以在 1969 ～ 1974 年之间的任何一年买入这只股票。只要买到就有钱赚，并可以一直持有到 1979 年或 1980 年。1974 ～ 1979 年，市销率落进了我们的范围当中，在 0.4 与 0.8 之间。1979 年市销率接近 0.8。1980 年短暂地突破这一水平。我们的规则会要求我们在这样的水平出售股票。该股随后下跌，到作者写作时尚未恢复到先前的高点。

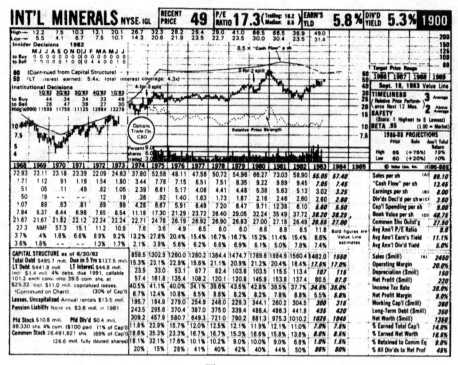

图 6-12

资料来源：*Value Line Ratings & Reports.* Reprinted by permission of the publisher. Copyright, Value Line Inc.

威廉姆斯公司是国际矿物和化学公司的主要竞争对手（参见图 6-13）。我们的规则也适用于该公司。这只股票跟大盘"不搭调"——在股市低迷时它创新高，而大盘上涨，它又下跌了。市销率规则会在股价接近顶峰时带你"离开"，日后在股价低的时候再把你"送回来"，这将使你获利。

到 1983 年，随着股市上涨，许多传统行业股价过高，没法继续持有。

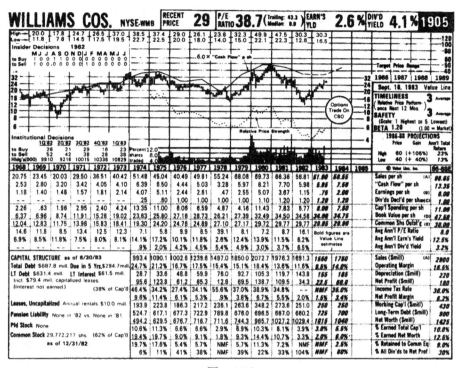

图 6-13

资料来源：*Value Line Ratings & Reports*. Reprinted by permission of the publisher. Copyright, Value Line Inc.

把市销率当作股市的温度计

市销率是一种很棒的股票市场温度计。第 12 章会介绍，股市温度计往往不灵。市销率与任何现有的针对个股的指标一样有效，因为它们测量具体对象而不涉及整个市场。大多数温度计试图描述市场整体水平的变化。它们天然是大盘指标。它们试图为整个市场估值。但它们并不管用——历史已经证明了这一点（见第 12 章）。

市销率是在特定时间点为特定公司把脉。它研究具体的某一家公司而不是大盘。如果你想把握股票市场的温度，只需要看具体的股票。下面告诉你怎么做。

费雪的股市测温原则

▶ 当一家公司的股票以（足够）低的市销率出售时，请买入它!

▶ 如果你找不到以（足够）低的市销率出售的公司时，请管住手!

你刚刚学会了如何给股市测温。你现在几乎知道了我所知道的有关这个问题的一切。这个概念很简单。如果找到了便宜得可以买入的股票时，买入的时机已经成熟。当价格高得找不到合适市销率的股票时，说明市场过热——不要购买股票。

如果你找不到大量以合理的市销率出售的股票，证券市场可能处于高位。在 1974 年或 1982 年这样的时期，大量的公司股票以极低的市销率出售。从市销率可以明显看出市场低迷。在 20 世纪 60 年代末，很少有公司的股票以低市销率出售，显然市场太热了。让具体公司的市销率告诉你，大盘是高还是低。你买的只是股票，而不是大盘。

证券市场"垃圾堆"中的市销率

我会从季报亏损的公司中筛选投资机会（见第 12 章）。虽然我在寻找超级公司时对亏损企业不感兴趣，但我看到一些有吸引力的小公司以很低的市销率出售，比如 0.20、0.10、0.06，甚至更低。这意味着什么？这意味着销售额 1 亿美元的公司市值只有 600 万美元。销售额 2000 万美元的公司市值只有 100 万～ 200 万美元。

设想一下，某只股票以市销率 0.05 在售。如果市场几年后给该股重新估值，其市销率处于中间水平，比如 0.50，那么这只股票的价格会涨10 倍。如果公司规模在这几年中翻了一番，那就意味着股价会涨 20 倍。如果有人买了一只这样的股票，并且市场变得热起来，赚钱空间还会更大。在这些低市销率股票中，有些个股未来机会可观。有少数投资者能看出哪些公司未来会腾飞，哪些公司的股价会原地不动。他们赚的钱一定会令人吃惊。

你或许会说"但这些一定是很糟糕的公司"。其实不尽然。可以肯定的是，其中会有糟糕的。有些业绩很差，大多数公司业绩平平。它们正在亏损，或者已经亏了好几年。也许在早期或好年景里，它们的利润率只有 2%，平均总资产回报率和净资产回报率都很低。近些年这些公司有所增长，但比整体经济略逊一筹。随着 1981 ～ 1982 年的经济萧条，股价从本已很低的位置继续下跌。

在第 7 章中，我们将考察大萧条时期"垃圾堆"里的一些股票，这些股票在短短三五年的时间里，为它们的主人带来了 2000% ～ 5000%的巨额利润——"垃圾"变成了黄金。

来自失败的财富：20 世纪 30 年代的神话

穿越时空

长周期的趋势需要数年甚至数十年才能改变。丰厚的利润率和不断增长的利润推动股市走强，而利润单薄、收益差则促使股市走低。盈利能力的长期波动就像钟摆一样。这些趋势需要很长时间才能显现出来，使得我们通常注意不到其变化——就好像我们看不到时钟的分针在日夜走动一样。眼下的情况无论好坏在几年后都会变成模糊的记忆。时间追溯得越久远，记忆就变得越模糊。

研究 20 世纪 30 年代的市销率就像穿越了时空。人们很容易回忆起 5 年、10 年或 15 年前备受推崇的公司（有些至今仍然受到推崇，有些则不然，有些甚至破产了。AM 国际、美国产权基金和马格努森计算机等公司则会很容易被想起来）。

许多人还记得 20 世纪五六十年代有家名叫晶体管的公司，以及其同行。再往前 50 年的事情就记得没那么清楚了，有多少人还记得 20 世纪 30 年代的奥本汽车？我们往往只记得幸存者。每个人都知道国际商用机器公司（IBM）那时肯定已经存在了。同样可以放心地认为大部分《财富》500 强企业当时也在场。

在旧金山商业图书馆里，1933 年的《穆迪手册》破旧不堪，用橡皮筋绑在一起（仔细翻阅，岁月的灰尘让我鼻子发痒、喷嚏连连）。回顾历史，既令人欣慰又使人震惊——绝对不敢嗤之以鼻。

费雪投资公司复盘了 1926 ～ 1939 年 150 多家大公司的市净率、市盈率、市销率。在 1957 年对其中 12 家进行了详细研究：伯利恒钢铁、卡特彼勒拖拉机、陶氏化学、伊士曼柯达、FMC 食品机械、通用电气、国际商用机器公司、彭尼百货、米德公司、雷明顿·兰德、SCM 打字机、西尔斯。

关于 20 世纪 30 年代有这样一种传说："1929 ～ 1933 年，股市遭受重创，大公司股票可以用地板价买到。"现在，人们会幻想出现当年股票被大甩卖的情景，于是精明的投资者以很低的市盈率和很低的市净率去收购 IBM 或陶氏化学等大牌公司。像大多数传说一样，这里有些是史实，有些纯属想象。

是有许多股票在那几年非常便宜。但有些股票的估值也从来没有像传说的那样低。在 1933 年大盘最底部，许多股票并不是地板价这么简单。基于某个单一的估值技术，一些股票看起来很便宜。也许它们的市盈率很低，或者它们的价格与账面价值相比（市净率）非常低。

如果使用其他标准来估值，这些股票并不便宜。出色的股票都是从低市销率起步的。相比之下，高市销率股票向来表现不佳，无论市盈率或其他指标如何。

IBM 不是成长型股票吗

探讨一下国际商用机器公司。这家一直在成长的公司在如此长的时间里表现得如此出色,这是个例外,但也算不上什么例外。与英特尔在20世纪70年代的情况一样,也是个例外,但还不足以成为一支超级强势股。这样说似乎令人无法接受(我仿佛可以听到华尔街在大喊:"IBM还不算超级强势股吗?"),那么请看事实如何。

IBM的股价在1932年跌至52.5美元的低点,又自此一路涨到117美元的高点。1933年,其波动范围为75.75~153.25美元。然后它涨涨跌跌,直到1936年创下194美元的高点。1939年短暂地攀升到195.75美元,随后又跌了。此后长期没能再次涨到195美元,直到1945年实现突破,达到另一个稳定的价格——250美元。之后一直徘徊在这一水平之下直到20世纪50年代初。1956年,它达到了我们对它30年研究范围的最后一个高峰,当时每股550美元。这一切意味着什么?

假设你运气很好,在1932年以最低价买入IBM股票,并在1956年以最高价卖出。情况如何?在1932年,以52.5美元/股的价格向IBM投资的1美元,将涨到10.48美元。这是个好消息。但坏消息是,这需要24年时间才能实现。在过去的四分之一个世纪里,你的年复合回报率只有10%——这和关于20世纪30年代的传说很不一样啊。你以有史以来的最低价买入了一只有史以来成长最快的"超级"股票,持有了四分之一个世纪,然后你以最高价卖出——你选的时机无懈可击,但你最终只能得到10%的年复合回报率。这有可能吗?

更糟糕的是,如果你的时机把握不是这么神准,会发生什么?很少有人能幸运地以最低价买进以最高价卖出。相反,假设你的运气只够在1932年价格区间的中间点买入,在1956年价格区间的中间点卖出——至少这是可能的。你的回报率会是多少?中间点如表7-1所示。

	表　7-1	（单位：美元／股）
	1932 年	1956 年
高点	117	550
低点	52.5	400
中间点	84.75	475

如果你以 84.75 美元的价格买入，以 475 美元的价格卖出，1 美元的投资将变成 5.61 美元。产生这一增长意味着 24 年的年度复合回报率只有 7.5%。这发生在"有史以来最伟大的高增长公司"身上。

怎么会是这样？难道 IBM 不是人们一直传说的那样吗？当然是，IBM 就是一家那样的公司，甚至更好。它非常了不起，在这段时期内，它的销售额从不到 2000 万美元增长到超过 10 亿美元。问题是，IBM 从来都没有特别"便宜"过，即使是在大萧条最严重的时候。在 1932 年创下绝对低点一年后，股价几乎涨了 3 倍。1936 年达到了比 1933 年的最高价还高出近三成的新高峰。

鉴于所涉时期的特殊性，这些结果并不算意外。许多股票在触及低点后的头几年，价格就增长了 20 ～ 100 倍。它们在最低价时非常便宜。但 IBM 在最低点时并不便宜（见表 7-2）。

表 7-2　1929 ～ 1939 年 IBM 普通股年度价格区间（单位：美元／股）

年份（年）	1929	1930	1931	1932	1933	1934	1935	1936	1937	1938	1939
高点	255	197	179	117	153	164	190.5	194	189	185	195
低点	109	131	92	52.5	75	131	149	160	127.5	130	145

只有根据一种标准，IBM 才可能被认为是廉价的。表 7-3 是 1926 ～ 1935 年 IBM 的市盈率高点和低点。

表 7-3　1926 ～ 1935 年 IBM 股票市盈率高点和低点

年份（年）	1926	1927	1928	1929	1930	1931	1932	1933	1934	1935
高点	8.9	15.9	19.1	23.1	17.1	16.2	13.0	19.0	17.7	19.3
低点	6.0	7.1	13.1	9.9	11.3	8.3	5.8	9.1	14.1	15.1

有时，它的市盈率很低，但这并不是因为股价低。如果 IBM 在

1932 年处于极低的估值，那么它的增长幅度将高得多得多。相反，市盈率很低是因为 IBM 赚了很多钱（市盈率很低是由于利润太高了）。今天没有哪家公司能像 IBM 在 20 世纪二三十年代那样赚钱了。

在 20 世纪 30 年代，IBM 的税后净利率一直高于 23%。1935 年，税后净利率高达 32.4%。你能想象今天一家公司的税后净利润占其销售额的 32% 吗？这与我们所知道的现实相去太远。净资产收益率（ROE，等于净利润除以净资产）始终保持在 12% 以上。这家公司看起来从未受到过大萧条的影响。

这只股票从 20 世纪 20 年代开始就非常贵，从来没有非常便宜过。如果你认为 IBM 之所以便宜，是因为它在 1932 年的市盈率很低，那么你也会认为它在 1929 年和 1927 年在更高的价格上还是便宜的。显然，市盈率并没有为我们评估 20 世纪 30 年代 IBM 的价值提供答案。

那么，什么会给我们答案呢？让我们看看市销率。在 1932 年的最低点，IBM 的市销率为 2.3，在 1932 年的最高点，市销率为 5.1。表 7-4 是 IBM 从 1932 年到 1939 年的市销率高点和低点。

表 7-4　1932 ～ 1939 年 IBM 股票市销率高点和低点

年份（年）	1932	1933	1934	1935	1936	1937	1938	1939
高点	5.1	6.0	5.5	6.2	5.5	4.6	4.3	4.2
低点	2.3	3.0	4.4	4.9	4.5	3.1	3.0	3.1

无须太多的想象力就能看出 IBM 最初的市销率太高了，就像一副重担压在它肩上，使得这只股票难以上涨。随着销售的增加，股票也上涨——但涨得不快，它涨不到市销率为 5 ～ 6 这样的天花板水平。虽然它的利润率非常高（因此其市盈率并不是特别高）。但市场会表明这种利润率在长时期内是不可持续的。市场更多地遵循市销率而不是市盈率。

IBM 在短期内赚了这么多钱应该有助于把市销率压到最低点。然而实际上它的市销率是相当高的。

　　这是暴利公司的价值悖论。已经很高的市销率使股价不会显著增长，而丰厚的短期利润又不会使股价缩水太多，从而不会使市销率缩水太多（不可否认，这有点像鸡和蛋的关系，互为因果）。当盈利能力变弱时，股票会变得非常脆弱。如果有少数几家公司像IBM一样，业绩增长速度持续多年不减，股票是会涨的——但不会以惊人的速度上涨。

　　IBM股票在20世纪五六十年代获得了太多成长股的美誉，在此期间它表现出色。这很大一部分原因是：在20世纪40年代中后期，它已经是一家"成熟"的公司。1946年，IBM的市销率达到了50年来的最低点0.51，这是一个超级强势股的水平。在1946～1955年的10年中，有8年IBM市销率低于1，其中有4年市销率为0.75或以下。在接下来的20年里，IBM股价飙升，久负盛名。公司成长了，估值也上升了。随着IBM再次变得热门和估值升高，其市销率也随之上升。到了20世纪60年代中后期，IBM的市销率再次上升到4～6，股票再次停止了出色表现。在过去50年，要想在IBM股票上获得远高于平均水平的长期收益，关键是在市销率低时买入。

　　在20世纪30年代，IBM并不是孤例，也有其他公司以高估值交易。有些配得上这样的估值，但大多数则不是。可口可乐是个类似于IBM的案例。它一直创造出色的利润。这只股票一度以低市盈率出售，但大多时候市销率太高。所以它在1932年"触底"后的5年里表现暗淡。

　　大多数以高价交易的股票，用市销率尺度衡量的话都不配拥有如此高的估值——它们随后的表现都不好。宝来公司一开始拥有很高的估值。在20世纪30年代末，尽管处于牛市中，它的股价仍和30年代初持平。股市上涨了，它的生意也增长了，但股价没涨。

　　同样，吉列在1938年和1939年的股价还低于1932年和1933年。主要原因是它起初估值过高。在1932年和1933年的最高点，它的市销率为 4.4。到 1939 年，其最高市销率仅为 1.5。吉列公司的规模扩大了，但人们灰心了。税后净利率和净资产收益率都从 20 世纪 30 年代中期的水平下滑到 20 世纪 10 年代中期的水平了。与过去相比，这是令人失望的。要是把大萧条时期吉列那么低的税后净利率放到今天，任何人都会觉得高得令人满意。市场想要的总是更多。

大多数股票经历了 20 世纪 30 年代的低谷后开始转好，有些表现尤为出色。在从 1932 年或 1933 年开始的 5 年中，增长 10 倍（1000%）的情况并不少见——年复合回报率为 59%。还有些股票表现得更好，涨了 20 ～ 40 倍，甚至更多。这是一批在最低点几乎都要被抛掉的股票。

低市销率股票带来可观的利润

例如，利威尔铜业的最低市值仅为 20 万美元。在三年多的时间里，它的股票可以按总市值低于 60 万美元的价格买到。只要花不到 50 万美元，你就可以买下这家公司的控制权。那时它的年销售额超过 1500 万美元（与当时的 IBM 差不多）。这使得它的市销率低得惊人，只有 0.04。它的业绩表现比当今大多数同等规模的公司都要强。从最低点开始，这只股票涨了 45 倍以上。如果以低点价格的 3 倍买入，仍然有超过 15 倍的涨幅。5 年内增长 45 倍，复合回报率为每年 115%。

其他低市销率股票也都表现得灿若星辰。迪尔公司 3 年内股价上涨超过 20 倍（171% 以上的年复合回报率），雷明顿·兰德和卡特拉 – 汉莫也是如此。博格华纳在 4 年内增长了 25 倍以上（123% 以上的年复合回报率），卡特彼勒拖拉机的价格在 4 年内上涨了 20 倍（111% 以上的年复合回报率），库柏 – 贝塞默——就是现在的库柏工业公司，在 3 年内增长了 30 多倍（高达 210% 的年复合回报率），L. C. 史密斯和科罗娜打字机公司在 4 年内上涨了 40 倍（150% 以上的年复合回报率）。

其他股票表现也很优异。不幸的是，其中许多名字已经不再为人熟知。

谁听说过坎贝尔 - 怀亚特 - 佳能铸造厂、豪代尔 - 好时公司、美国座椅公司、富邻特科特公司、麦格劳电气、博莱德公司、费尔班克斯莫尔斯、通用电缆？与其他低市销率股票一样，它们的股价也增长了 20 倍甚至更多。贯穿整个研究过程，我们找不到一只市销率超过 1.5 的股票涨幅有这么大。

看一下 L.C. 史密斯和科罗娜打字机公司，现在被称为 SCM 公司，它的股票一直以来都极其便宜。恰如其名，这家公司销售打字机，并且还生产和销售相关的产品，如加法机、复印机和复写纸，这些业务就是我们今天所说的"办公自动化"。王安公司和 NBI 等经营办公自动化业务公司是 20 世纪 80 年代初最热门的股票。

今天，SCM 是一家横跨从打字机到化学制品多个行业，销售规模高达 20 亿美元的巨头。1933 年，它只是一家 500 万美元规模的公司。当然，1 美元在当时比现在更值钱。SCM 有出色的业绩，并保持良好的流动性。最差情况下，其净流动资产占净资产的 1/3 以上。到 1937 年，这一比例已提高到 75% 以上。

如今，很少有公司有这么高的流动性。事实证明，这家销售规模 500 万美元的公司，在 1932 年和 1933 年的总市值不到 20 万美元，它的市销率只有 0.04。差不多像白送一样。的确，那些年它一直在亏损。但在整个期间，公司的亏损总额还不到 1931 年净资产的 10%。这家公司由强劲的资产负债表支撑，4 年内股票年复合回报率高达 150%，还有谁嫌这样的收益率少？（参见图 7-1）。

库珀 - 贝塞默是另一个了不起的例子。[⊖]1932 年，它只是一家销售

⊖ 库珀 - 贝塞默公司成立于 1929 年，当时是由库珀公司（成立于 1833 年）和贝塞默燃气发动机公司（成立于 1899 年）合并而成。1965 年，该公司更名为库珀工业公司。——译者注

额 200 万美元的公司。负债总额可以忽略不计。净流动资产占净资产的一半以上。在最低点，市值不到 10 万美元，其市销率仅为 0.02（真了不起！）。到 1936 年底，这只股票上涨了 30 多倍。如果你以 5 万美元买下半个公司，不久你就拥有了价值超过 150 万美元的股票。如今，库珀工业销售额超过 30 亿美元。

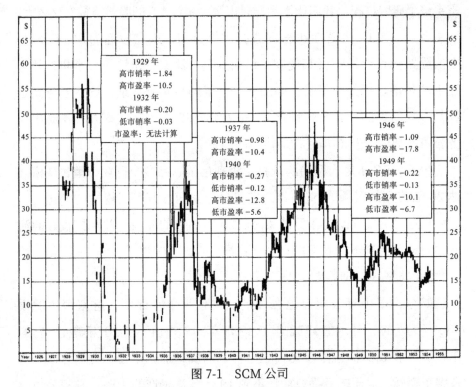

图 7-1　SCM 公司

资料来源：M. C. Horsey & Company, Inc., P.O. Box H, Salisbury, Md. 21801.

20 世纪 30 年代超级赚钱的股票都是低市销率的股票。还有更多这样的例子。从 1932 年或 1933 年到 1935 年或 1936 年，大量的低市销率公司股价增长了 10 ~ 15 倍，它们的年复合回报率在 75% ~ 140%——这取决于股价实现增长所需的时间跨度。

所有那些伟大公司又怎么样呢

当然，其中一定有些例外——某些公司成长很快，这能证明其高市销率是合理的吗？IBM是我们能找到的唯一的例外，但它也证明不了。相反，有很多低市销率的"伟大公司"，它们中的大多数都表现得非常好（我们已经提到了SCM、卡特彼勒和雷明顿）。其他的呢？伯利恒钢铁、FMC食品机械、米德和西尔斯都是低市销率股票（分别为低于0.15、0.33、0.20和0.20），5年内可以赚1000%～2000%。例如，西尔斯1931年最低市盈率为12，但在1932年的绝对低点，没有了市盈率，因为没有任何利润（参见图7-2）。

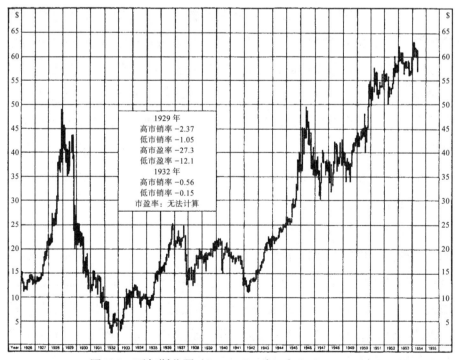

1929 年
高市销率 −2.37
低市销率 −1.05
高市盈率 −27.3
低市盈率 −12.1
1932 年
高市销率 −0.56
低市销率 −0.15
市盈率：无法计算

图 7-2　西尔斯公司（Sears, Roebuck & Company）

资料来源：M. C. Horsey & Company, Inc., P.O. Box H, Salisbury, Md. 21801.

彭尼百货是一只低市销率股票（在低点为 0.20），1932 ～ 1936 年，其股价仅增长了 9 倍（但仍比高市销率股票表现好），在其高点市销率也只有 1.1。

按照我们的标准，有三只股票市销率略高。伊士曼柯达就是其中之一。最低的时候，市销率为 1.4。20 世纪 30 年代股价涨了 5.6 倍。它的表现优于 IBM，但不如市销率很低的股票。股价增长主要来自公司的成长壮大——市销率仅增长了一倍多一点点，达到 3.3 的峰值。同样，陶氏化学从市销率 1.1 起步，到 1937 年股价增长了 7.6 倍——市销率峰值为6.6。通用电气的市值从 1932 年的绝对低点到 1937 年的绝对高点，增长了 7.6 倍，其最低市销率为中等水平的 0.93，而最高市销率为 3.8。

从 1937 年的高点开始，大多数股票普遍走低。1937 年市销率非常高的股票（如 IBM 和陶氏化学）其后的表现都很糟糕。看一下陶氏化学，1937 ～ 1947 年，该公司的销售额从 2200 万美元增至 1.3 亿美元，利润从 490 万美元增长到 1270 万美元，按照逻辑和"成长股"学派的理论，你会觉得这只股票应该上涨。但它没涨，1947 年的股价还低于 1937 年。在经历了 10 年的超常增长后，到 1947 年它终于成熟了。那时，无论以何种标准来衡量，它的股价都很便宜，因而在接下来的几十年里，这只股票表现惊人。

20 世纪 20 年代后期的股价"看上去"都不算太高。高股价被丰厚的利润掩盖，使得市盈率不会涨到太高。1929 年，许多公司的市盈率非常低。投资者买不到足够的股票。但几年后，许多股票的市盈率变得无限大。在这段时间内，严谨地使用市销率指标，可以为投资者免去大量头疼的事情，节省很多资金。如果投资者通过市销率分析，在 1929 年缓和了极度乐观的情绪，并在 1932 ～ 1933 年缓和了极度悲观的情绪，我们今天可能就无从谈论"大崩盘"了。

在整个 20 世纪 30 年代，无名的和有名的股票都重复着同样的规律。高市销率股票表现相对糟糕，表现最好的是市销率低的股票。在 20 世纪 30 年代，大多数股票都很便宜，这是肯定的，这是"20 世纪 30 年代神话"中经得起考证的部分。

神话中站不住脚的说法是整个市场充斥着近乎白给的股票。有些股票并没有这么便宜，它们的市销率很高。

在大萧条中赚的钱都是来白当时被看成失败的股票。"来自失败的财富"是金融史上反复出现的主题。财富来自失败，即来自那些基本价值被忽略、被当作"垃圾"抛掉的股票（见第 1 章和第 2 章中提到的小挫折）。无论是在 20 世纪 30 年代还是其他任何时期，财富来自失败的理念都适用。在那些被轻视的低市销率股票中，存在一些独特的机会。

第三部分

SUPER STOCKS

基本面分析

第 8 章

超级公司的卓越特征

基本业务特征

要确认一家超级公司，对其业务的各个方面进行考察是至关重要的。成功投资超级强势股的关键是购买基本面真正优秀的公司。真正的超级强势股是以合适的价格买入的超级公司股票。你可以买一家糟糕公司的股票，然后持有，日后涨了两倍或三倍。然而，除非它是一家真正了不起的公司，否则它极不可能增长到足以成为一只超级强势股的程度。

超级公司与众不同，因为它能以远高于平均水平的速度内生增长。随着通货膨胀的恶化，超级公司的内生增长速度也必须随之强化。一家超级公司（扣除通货膨胀后）的"真实"年均增长率应该至少达到15%。如果年通胀率为6%，那么超级公司就应该至少能够年均内部增长21%。如果，通胀率以每年15%的速度在狂飙，那么超级公司的年增长率至少应该为30%。在任何时候，世界上成千上万的企业中只有几百家是超级公司。不少超级公司因其独特性而被公认，也有些没被普遍认可。华尔街是不是认为一家公司基本面强劲、成长性良好，这无关紧要。重要的是这家公司真的是这样。最好的情况是，当你在买入一只股票时，华尔街认为这家公司很糟糕（见第2章）。从基本商业角度来看，它必须具有强大的增长潜力。在业务层面，它必须证明自己是一家超级公司。

简而言之，超级公司的业务层面特点必须包括：

1. 成长导向：所有高管（他们影响整个组织）对成长怀有强烈的渴望。这种渴望不仅体现在市场份额的增长中，更重要的是体现在员工的日常生活中，是他们使增长成为现实。

2. 卓越的营销：只有具备对市场本质变化的敏锐洞察——至少和客户的觉察一样快，企业才能够获得并保持客户的满意度。

3. 独特的优势：和现有的或潜在的竞争对手相比，具有独特优势（通常是成本最低的生产商）或至少在其主要产品上已经建立了独一无二的或半垄断的地位。

4. 独特的人事关系：公司的"文化"使员工感到他们受到了尊重，他们已经并将继续获得公平的晋升机会。他们处在这样的氛围里，下属提出建设性意见会受到鼓励，并能获得经济上的奖励。

5. 最佳的财务控制：如果结果不符合计划，财务控制系统可以马上查明原因。和竞争对手相比，超级公司必须有一种持续的意愿，在财务控制方面寻求持续的、创造性的、渐进的改善。一家超级公司决不能仅满足于与其他公司水平相当的财务控制。

人们对超级公司有大量的要求——高利润率、高市场占有率、更好的管理、一流的产品定位、优质的形象和其他许多具体特征。这些特质是任何人在寻找超级公司时都会在意的。然而，正是上述五个方面才使得一家公司成为超级公司。例如，超级公司必须具有高毛利率、高税前利润率和高净利率的潜力，但这几种利润率都是结果，它们来自相同的原因。这是基本面发挥作用的结果。员工和管理层的行为才是原因。

换言之，超级公司必须达到这个层次，其员工队伍的素质和士气表明公司销售增长势不可挡，潜在利润率十分强劲。快速增长的销售潜力高度依赖于成长导向。

成长导向

成长不是偶然发生的。它始于管理层的想法，是一种强烈的渴望。几十年来人们已经破解了促进个体成长的心理特征，它们是天生的、积极的个人素质。拿破仑·希尔和 W. 克里曼特·斯通的《通过积极的心态获得成功》$^{\ominus}$、诺曼·文森特·皮尔的《积极思考的力量》等著作都写到了这些素质。

虽然任何人都能自我培养这些特质，但很难培养别人。这是一个真正的领导人角色。无论好坏，任何一个长期存在的人群中都有领导人。在任何群体的生态中，从一开始就会自然形成高低先后。领导者的权力是由其追随者的共同意志所强加的。许多人错误地认为是领导人主动夺取了权力，这通常是不对的。相反，领导人的权力是由他培养的追随者赋予的。追随者希望领导人：有远见、自信、尊重他人、尊重追随者。

追随者通过与领导人和伙伴的交流来吸收这些特质，这个场景看起来很愉快。在一家超级公司，重要职员在谈论同事时眼睛往往会发亮，提到上司时往往将其描绘得像个传奇。但在普通公司，员工说起同事时可不是这样。

最近有个朋友去了威宝公司上班。他曾经是一家大型电子公司的市场经理，对工作表现出深度"倦怠"状态。他尊重上一家任职的公司，

$\ominus$　湖北人民出版社 1988 年出版的译本名为《人人都能成功》。——译者注

但对前老板和同事很不满意。在威宝的第一天，董事会主席和他见了面，并且事先已经对他有了一定了解。我朋友讲起这个故事时，眼睛闪闪发光。在原单位，他从没见过地区副总裁以上级别的人。而现在他正在跟董事会主席聊天！令他吃惊的是，董事会主席对他的了解比他对主席的了解还要多。董事会主席给他留下了前所未有的深刻印象。这位来自美国大企业的热情耗尽的被淘汰者，现在精力充沛、不知疲倦地投入了工作。在最初的几个星期，他每天工作15个小时，在威宝工作，让他眉开眼笑、心情愉快。他找到了一份能和自己尊重的人一起共事的工作。在任何一家超级公司，最高层的态度都会对追随者产生积极影响。

超级公司把问题看作是潜在的机会，而把制造流程中的额外的成本视为问题，但这也是未来降低成本的机会，进而可以降低产品价格，增加销售潜力。

竞争对手推出新产品可被视为一个问题，但这也是一个好机会，可以了解客户对新产品的意向。例如，某些从业者被IBM进入个人计算机市场吓倒了，有些人则将其看作是对市场未来的确认，还有的人认为这是销售配套产品的良机。超级公司的管理层总会在满天乌云中寻找到一线光明。

超级公司领导人的魅力可以在非正式会议上看出来。因为他会给大家方向，这对他来说是一种显而易见的品质。他信心十足，渴望超越自己——成为一家不断发展的、更大公司的领导者，这一愿望必须以某种谦逊的方式来表达。他以高度的自豪感谈论他的下属，他总是寻找比自己能干的下属。只要有机会就会"夸奖他们"，而他们则会理解并感激他在基本信念上的启发。相应地，他们也会向自己的下属灌输上级的想法。

这种渗透过程的最终结果是一大群人在寻找公司成长的机会。市场营销、技术研发和支持保障等观念将在公司的各个层面积累，并在组织内进行横向和纵向的交流沟通。这样的公司不会缺乏未来增长的思路，思路会从内部大量涌现，为此还不得不设法好中选优。下级会出于对上级真正而自然的尊重接受这些思路。决策过程中的尊重是将超级公司与一般公司区分开来的特征。这一点在营销方面最为明显。

卓越营销

营销是绝对的关键——也许是通向成功的最重要的一个因素。很多公司失败了，或者灰头土脸地惨淡经营，就是因为缺乏卓越的市场营销，这远超其他任何原因。卓越的营销之所以如此重要，是因为它满足了能让企业存在的仅有的几个原因之一：客户。

出色的营销是罕见的。这是因为与企业的其他业务相比，市场营销更像一门艺术。虽是老调重弹，但却是千真万确的一句话：最简单、最有效的营销方式就是帮助人。如果你不理解客户，就会感到很棘手。这种理解客户的能力让出色的营销卓尔不群。

众所周知，总有人错误地认为营销不过是耍嘴皮子而已。这些人是把营销和推销混为一谈了。营销本身就是一种艺术。除了销售技巧，营销还包括：

- ▶ 广告宣传。
- ▶ 市场调研。
- ▶ 销售规划。
- ▶ 公共关系。
- ▶ 销售管理。
- ▶ 客户服务。
- ▶ 战略规划和产品计划。

最后一点可能是最重要的，也恰恰是公司在战略层面常常跑偏的。在大多数小公司，尽管正式设有营销副总裁，但通常由总裁担任营销主管。他必须这样做。正是在总裁层面，才能对市场营销做出关键的战略决策。

战略规划的关键，就是能够凭直觉断定当前尚不存在的市场力量将如何发展。战略规划超越理性。理性会受到逻辑的制约。逻辑是必要的，但仅有逻辑还不够。生活中许多最重要的决定不能单凭逻辑来拍板。正是在这一点上，总裁的角色才得以体现。

无论营销部门的实力如何，除非总裁在市场营销上有很强的直觉，否则公司很可能屡屡犯错。那些由对自己的市场有着深刻理解的"直觉人"管理的公司，强于以技术、生产或财务见长的"逻辑人"领导的公司。其他技能一般都可以通过雇人买来，可真正的营销是一门艺术。

尽管如此，无论站在塔尖上的人有多强大，他都必须在自己的手下中培养出一批营销能手——可以在任何层面和任何境况下与之愉快合作的人。我们来看看下面的例子。

量子之光："少许多与，少说多做"——顾客是最好的推销员

鲍勃·莫滕森是哈佛大学工商管理硕士。他曾是世界领先的激光器公司光谱物理公司的营销经理和副总裁，也是世界上第一位激光器销售员。他在生产管理和财务管理方面也有丰富的经验。现在，他是自己的激光器公司量子之光的总裁，这意味着他必须逆流而上，迎战更大、更强的竞争者。

人们可能以为他会靠自己出色的营销背景来做所有相关决策，事实远非如此。在制定了基本的产品战略后——这方面只有总裁才能裁定，他将营销决策留给了特别能干的营销副总裁吉恩·沃森。沃森的工作效率很高，部分原因在于莫滕森本身就是一名顶级营销人员——他完全知道营销经理需要什么。他把自己和沃森联系在一起，但又不挡沃森的道。

沃森做了所有的决定，从产品的颜色到如何打广告，用哪家公司做广告和处理公共关系，以及雇用什么样的销售人员。沃森雇用的大多数销售人员完全没有销售经验，他需要花时间亲自去培训他们。沃森在广告和公共关系上特别拿手。他的广告很有"品位"，使得客户很想了解量子之光。他有很强的与顶尖科学家互动的能力，推动他们撰写技术论文时引用那些使用了量子之光产品的成功结果。这是最好的公关方式。

从沃森和莫滕森身上，我学到了广告和公共关系方面最有用的一课——最好是树立一个"少许多与，少说多做"的企业形象。当客户意识到他们总是会得到比承诺更多的东西时，他们就会成为你的盟友，带来更多的客户。他们向别人推荐，自己则买得更多。跟不做过度销售的人打交道，让人感到精神上的"愉悦"（大多数人在生活中的不同地方都遭遇过商家的缺斤短两，所以变得提心吊胆）。人们珍惜那些能信任的关系。

客户不遗余力地帮助量子之光增加销售额。沃森总是让他公布的产品规格大大低于设备的实际性能，从而造就了"少许多与，少说多做"的名声。这样，客户很快就知道他们可以信赖这家公司的任何承诺（日本人已经掌握了这个策略，并经常利用它在电子行业中获得溢价）。同时，顾客觉得他们购买的东西很便宜，因为"担心的成本"已经从他们的头脑中消失了。

当然，作为总裁，莫滕森不会与市场脱节。几乎每个小公司的总裁都必须进行关键的销售拜访。事实上，几年来，沃森和莫滕森共用一间办公室——他们的办公桌靠在一起，这是一种最好的被动交流方式。莫滕森不可能脱离市场，而沃森不可能不把营销的旋律注入到这间办公室的每一件事情上——生产、研发和财务。在此过程中，量子之光开发了固态可调谐激光器市场，这是其他有实力的激光器公司忽略的一个市场。

营销受管理层控制吗

有一家不太成功的公司，其营销副总裁很固执，他坚信除了自己没人知道应该如何掌控市场。他对总裁或营销部门以外的人与客户进行接触感到嫉妒和不满。如果研发或财务部门因为任何原因联系了客户，营销副总裁就会大发脾气。如果他真的对市场有很强的"掌控力"，这可能没什么问题，不幸的是，这并非实情（如果他真有很强的控制力，也不会如此偏执）。最终，营销副总裁和公司总裁都得被"裁"——但"裁"得太晚了，公司已经"成功地"损失了很大比例的市场价值。

看看另一家精密电子控制器制造商的销售技巧。

它的一位大客户——一家大型多部门的跨国公司，最近承诺购买好几套系统，每套系统耗资几十万美元，装备在不同地点。采购决定是由这家公司各个部门的管理层分别做出的。由于其他公司也能供应类似的设备，因此应该对每台设备分别进行招标，但是他们并没有这样做。各部门的采购人员都从这家较小的供应商独家购买，而没有认真考虑其他选择。

"这怎么可能呢？"我问买方管理层，"难道你不要求部门负责人寻找有竞争力的投标吗？"总部负责设备采购的人解释说，连他自己都不清楚为什么。销售人员显然说服各部门决策者快速签署了意向书，以至于在

⊖ 后来，量子之光被行业领先者光谱物理公司收购，并成为其固态激光器业务的核心。这是我 1976 年投资以后 5 年的事，这项投资实现的利润是我成本的 30 多倍——具体证明了一颗善心，或者在这个案例中是两颗善心，可以为一家超级公司的营销工作做出多么大的贡献。

公司层面还没有讨论过。由于意向书包括退款保证（如果 6 个月后不满意的话），所以采购人员觉得没有太大风险。在不与其他供应商比价、没有征询总部意见的情况下，他们被说服了。

设备安装完全成功，没有一台退货。整件事听起来仍然像是戴尔·卡内基书上的故事。后来，我问卖方管理层，他们最希望改进哪个职能部门。令我惊讶的是，公司三位高管没有商量，都毫不犹豫地选择了市场营销部门——其实在这个领域他们已经非常厉害了。

怎样管理销售和服务

像市场营销这样变化层出不穷，同时还充满艺术性的领域，不可能建立起绝对的规则。不过某些市场经验还是很有帮助的。如果一家企业生产技术高端的或价值昂贵的产品，最好建立一个强大的直销团队。相比之下，通过分销商网络进行代销的企业更让人担心。

通过分销商进行代销的公司很难直接管理营销工作。一方面，培训、激励、约束和调整那些不专注于一家公司产品的销售人员可能会更加困难。另一方面，某些分销商的"销售代表"会用过分的承诺来销售产品，当这些承诺未能兑现时，产品或公司的声誉会受到损害（和"少许多与，少说多做"背道而驰）。

许多小公司起步时因为养不起自己的专职销售团队而选择与分销商合作。随着公司的成长，他们转为建立自己的直销团队。与生产高端产品的公司相比，销售低价商品的公司不太可能从代销转为直销。

服务是个经常被粗心大意的商业观察家所忽视的领域。它既可能是个有效的销售工具，也可能是企业的阿喀琉斯之踵。[○]只要找几个客户聊

○ 阿喀琉斯是荷马史诗中的英雄，英勇无比，刀枪不入，只有脚后跟是他唯一的薄弱之处。在特洛伊战争中被敌人射中脚后跟而死。欧美常用阿喀琉斯之踵比喻盖世英雄也有自己的死穴或软肋。——译者注

聊，就可以了解一家公司的服务质量。我对雇用第三方作为服务代理的公司持怀疑态度。和经销商一样，第三方服务代理很难培训、激励和管理。让我感到震惊的是，许多公司居然聘请自己的竞争对手代理服务。

最近我访问了一家备受推崇的小型高科技公司。无论用什么方法来评估，它的股价都很高。它的主要竞争对手是数字设备公司（DEC）。令我惊讶的是，在美国它完全依赖 DEC 提供产品服务。DEC 虽说是一家优秀的公司，但不难想象，它是不会尽全力为竞争对手的产品提供服务的。（你是否会像帮助自己的客户一样，尽心服务别人的客户呢？）

营销管理的关键在于销售人员、营销经理、营销副总裁和总裁之间的互动。其中每个人都是至关重要的。每个人都是内行，然而，从管理的角度来看，每个人又都很难打交道。表面上，这些杰出的人聪明练达、充满魅力。但在内心，许多人常常缺乏安全感。

销售人员之所以难管理，是因为他们常常出门在外，习惯于为自己考虑。在许多方面，他们往往从独立的角度看待自己的生活。商学院的案例中充斥着直销组织失控的故事。营销经理很难管理，因为他们中的很多人是按照"彼得原理"提拔上来的。[⊖]要使营销卓越，就必须在首席执行官和营销副总裁之间培养追求卓越的精神，并通过组织往下贯彻。如果你在高层身上都看不到卓越的表现，那可能在整个组织里都难发现卓越的表现。因此潜在投资者必须仔细地考察公司最重要的两位营销人员（CEO 和营销副总裁），对他们俩的判断是对公司做出判断的前提。

找到独特优势

一家超级公司必须拥有压倒所有现在或潜在竞争对手的独特优势。

⊖ 指在一个等级体系中每个成员都趋向于被提拔到不能胜任的高位。——译者注

这种优势通常表现为公司是业内成本最低的生产商，或至少在其主要产品上已经建立了垄断或半垄断的地位。

我的办公桌上方挂着个小牌子，上面写着："生活中我真正想要的是一种独特优势。"一些专有的或独特的优势使一家公司超越其他公司，获得潜在的巨大毛利率。[○]这些毛利将使公司内部产生足够的利润，为未来的快速增长提供资金。在一家超级公司里，这是必不可少的。

独特优势可能有不同的形式。这种优势在某些行业可能比较明显。例如，在采矿业中，优势可能仅仅是更好的地下储量，在消费品行业，商标或专利就足以构成优势。通过更优的生产技术实现低成本生产是一种常见的、有时又是绝对必需的优势。在产品开发方面，营销和研发团队的良好合作有助于在竞争中保持领先一步的优势。

对研发工作的最终检验是，能否以足够低的成本提供所需的功能，使产品具有合理的毛利率。当市场营销部门向最高管理层提出产品概念时，提案中应包括满足客户需求的产品特性，以及预估的产品价格。

设定了这些产品的特性和价格，市场营销部门将提供按时间轴变化的具体销量预测。相应地，工程部门需要在这些限制条件下工作。产品设计必须做到：在满足规定的性能、适当的产量和单位成本足够低的条件下易于制造。

研发工作发挥创造性作用的最大用武之地是对成本的设计。除了成本，没有其他项目对产品的未来盈利能力起到如此重要的作用，这却完全由技术工作来决定。我们能在这里削减成本吗？我们能在那里节省费用吗？我们是否应该格外小心，不要在产品的这个功能上削减成本？成本设计是企业在产品研发中经常抬脚就错的地方。这就是研发效率对毛

○ 毛利率是指毛利除以销售额。毛利是销售额减去销售成本。销售成本是指与产品制造有关的直接生产成本。

利率和随后的净利率的主要影响。

一旦产品设计得成本高昂，这个缺陷以后就很难改变。很可能永远无法补救。一开始毛利率很低的产品往往难以补救。

IBM 不是我理想中的超级强势股，但许多人认为它是一家超级公司。它当然是个具有很多优势的超级竞争者。其中的一个优势就是它的名字，它从未停止从品牌中受益。计算机行业的每个人都知道，IBM 的销售人员可以推开别人进不去的大门。客户喜欢 IBM 的品牌。客户的认可是供应商最重要的竞争优势。

投资界很容易接受科技公司具备特殊优势这一概念。由于投资者接受科技公司能够提供独特产品的说法，因此他们往往会把股价哄抬到高位。

列出一张具有独特科技优势的公司名单很容易。不过，低技术或无技术的例子比比皆是。奥马哈的传奇投资者巴菲特喜欢那些有"本地商业特许经营权"的报纸——这是竞争优势的另一种说法。麦当劳和玩具反斗城利用夺人眼球的商标创造了自己的优势。

有时，公司通过在相关领域收购所带来的规模效应创造竞争优势（参见第 10 章，了解为什么利润率通常与市场份额相关）。要拥有一只超级强势股，你必须得拥有一家超级公司。超级公司具有不同寻常的竞争优势，能获得出众的盈利能力，这在毛利率和净利率上得以体现。

纽柯钢铁在极其平凡的钢铁行业建立了竞争优势。他们开发的工艺使钢铁的生产成本很低，足以与外国钢铁企业竞争，因而创造了优异的回报。多年来，连铸技术在钢铁行业得到了广泛的认可。在 20 世纪 60 年代末，纽柯率先提出本地紧凑型电炉钢厂概念，使用廉价废钢进行耦合连铸。

20 世纪 70 年代中期，纽柯的钢厂效率非常高，钢材从第一次加热到成为仓库里的成品一气呵成。纽柯改进的工艺降低了单位产品的能耗、资金占用和劳动力投入。纽柯创立了一个成本结构，使其在经济萧条时期（1977 年和 1982 年）仍然具有很好的盈利和继续扩张的能力，那时美国的同行和外国钢铁行业都在亏损。

一家超级公司能从它相对于竞争对手的优势中受益匪浅，从而为获得更大的市场份额打下基础。它不必在你开始投资时就占有多大市场份额。当我第一次投资纽柯钢铁时，它的大多数产品线市场份额都很低。如果一家超级公司拥有真正的竞争优势，它应该能够获得更多的市场份额，或者至少能够将市场份额保持在它期望的范围内。寻找中长期目标的分析师，提出的标准问题应该是"你正在做什么事情来提高未来的利润率"，这通常相当于"你正在做什么事情来增加未来的市场份额"。

这个问题有很多错误的答案。管理层可能会解释说，它正在削减各种销售和管理费用，甚至正在削减研发费用。这些也许不是那么离谱，但真正的解决方法藏在毛利率水平中。因此，最好问"你正在做什么事情来提高毛利率"，一家公司为提高毛利率所做的事情往往与提高市场份额所做的事情是一致的。

盈利能力和市场份额是紧密绑在一起的，投在行业龙头之外任何公司的长期资金，往往都会打水漂。对于市场份额较低的公司，唯一好的长期投资机会是当你预计它最终会掀翻龙头企业，并取而代之的时候（见第 10 章和第 11 章）。

客户是否能获得"最高性价比"

优势通常是通过客户眼中的产品差异化来实现的。通过设计一种可以满足细分市场的产品，或者具有独特功能的高性价比产品，公司往往可以获得溢价。卓越的市场营销能够使公司知道产品的哪些功能对客户最重要。在强调这些功能的同时，削减其他方面的成本，就有可能给客户带来最高性价比（个人电脑增加便携性就是个完美的例子），这样做几乎总能给所有相关方带来回报。在这个例子中，市场份额由所谓的利基大小来确定。规格差异化属于这个范畴，它是远离麻烦的最有用的分析工具之一（规格差异化非常重要，第 9 章的很大篇幅将留给它）。

劳资关系至关重要

劳资关系是超级公司的关键要素。商业和贸易期刊经常报道劳动者因工作遭受的困难和痛苦，这种痛苦是不幸的，通常也是不必要的。

超级公司很少面对工会的压力，出现劳资纠纷的情况就更少了，因为它们拥有和谐的劳资关系。开明的管理层认为，对于公司的成功来说，劳工是和管理层一样的贡献者。

近年来，随着越来越多的美国公司试图复制或借鉴日本企业的方法，以实现类似日本企业的成果，参与式管理（请员工参与创造性变革和产品创意）流行起来。关键不在于任何一个处理劳资关系或员工关系的具体方法。关键在于有意愿和持续的渴望去寻求改善就业环境，鼓励员工提高工作绩效。

纽柯钢铁是个完美的例子。纽柯年报上印满了小字，那是公司每一位员工的名字。纽柯不只是把员工名字放在封面上。每位员工都会根据自己所在的小团队的成果获得报酬。员工收入上不封顶。纽柯希望每个人都能从高效率的钢铁生产中获得尽可能多的收入。小团队的效率直接与每个成员的贡献成正比。因此，人人都会尽力工作以配合其他成员保持良好状态并取得成效。落后者不会被解雇，但他们会受到同事的冷落，最终自己离开。一名典型的纽柯钢铁工人年收入超过 30000 美元——对于一个受教育程度有限的少数族裔蓝领工人来说不算太寒酸了。如果加

入钢铁工人联合会，在别处上班，他们的收入会少得多。[⊖]

但纽柯钢铁并没有就此止步。为了鼓励员工走向更美好的未来，纽柯每年额外支付 1400 美元给每名员工的每个适龄子女用于大学教育，不附带任何条件。如果一名员工有 4 个上大学的孩子，这意味着每年 5600美元。这项政策是开明的，且对公司有利，因为补助金所带来的员工善意回应，其价值远远高于实际成本。

最后，为了向员工和股东表明以身作则、同舟共济的态度，纽柯所有管理人员超过一半的薪酬直接与公司净利润挂钩。如果公司效益好，管理人员收入就高。在经济严重衰退的年份，比如 1982 年，管理人员收入就少。

其他公司利用多种方式改善劳资关系，从公司舞会，到健身中心。他们会为职工的孩子设立日托中心，或者每周办一次傍晚 5 点鸡尾酒会。有些公司还让员工自己拍摄企业影片给同事看。清单可以不断增加，唯一的局限是当局者的想象力和意愿。

在改善劳资关系方面，如果管理层既有意愿又有永不停息的想象力，这样的超级公司是很幸运的。对管理层来说，关键是要不断想出新的主意去改善员工的工作环境，从而提高生产效率，也能促使员工不断向管理层提出合理化建议。

了解财务控制——听话听音

财务控制可能看起来很乏味，却是成功的必要条件。快速增长的过程需要跟踪所有相关因素——这是一套详细反映公司发展状况的最新

⊖ 1980 年，一名典型的钢铁工会成员平均工资为 26450 美元，而纽柯钢铁工人平均工资为 31000 美元。资料来源:《商业周刊》(*Business Week*), 1981 年 9 月 21 日, 第 42Z-n16 页。

数据。

超级公司的财务部门定期（在财务报表周期结束后的三周内或更短时间）提供的财务报告，至少应该包括以下内容：

▶ 最近一个月、一个季度以及本年度至今为止连续的财务报表。

▶ 按产品线和利润中心编制的最近一个月经营层面的财务报表。

▶ 最近一个月的新增订单、积压订单、发货和存货分析。

▶ 月度和年初至今的利润表中毛利这一行下面的各类费用，并与预算数字进行比较。[⊖]

▶ 按员工类型和工作地点进行人数统计，按职能跟踪人力情况。能干的管理者知道何时何地需要增减人手。

企业分析方法的创新是没有止境的。超级公司总是在寻找新的更好的方法来积累和分析数据。超级公司不拒绝管理信息系统的改变，还鼓励改变，并鼓励各个层面提出改变的建议。

财务控制由企业的财务副总裁分管。有时，该职位有其他的名称（如首席财务官或副总裁（财务））。在规模较小的公司，该职能可能由行政副总裁负责，他分管营销、研发和生产以外的行政工作。他将有一名出纳和一名财务总管向他报告工作。

财务人员天性保守、墨守成规。首席财务官有责任选聘或改造出纳和财务主管，使他们成为财务控制改革的领导者。

你可以通过一些"抛砖引玉"的问题，来了解重要财务主管的精神面貌。问题应该是合情合理的，也应该是详细的——是他们张嘴就能回答的那种问题。

问题不应过于敏感，以免财务主管不情愿回答。一个典型的问题是：

⊖　指销售费用、管理费用、财务费用等。——译者注

"按百分比算，每个月的营销费用有多大的变动？过去几个月的营销费用比预算差多少？"

对管理层来说，回答这样的问题不算太敏感。同时，当一位老练的调研者询问时，他们回答问题的方式会透露出公司财务控制的重要特征。他们可能会披露手头掌握的信息，也可能流露出公司对过去没有考虑过或没有追踪过的问题采取的态度。管理层面对改变的态度与有用的企业信息一样重要。

超级公司的最高财务负责人通过两种方式回答几乎所有的问题——一种是在他们脑海中找答案；另一种方式是查阅在其办公环境中随手可得的纸质报告或者触手可及的电脑。请记住，这些人整天与数字生活在一起。他们能记住大量别人记不住的数字。同样，因为数字是他们"生活中的拐杖"，所以对他们来说，可以立刻接触到任何想要的数据是至关重要的。

举个例子，20世纪70年代中期，美杰公司财务副总裁是鲍勃·弗里克。他现在是美国银行的首席财务官。鲍勃能记住大量的数据。一见到他你就会很清楚他的确才智过人。当被问及一些他脑子里没有的事情时，他会找出书桌后面的一组活页夹，里边包含了业务的每个最新的细节，他的活页夹整齐有序，他从不需要费工夫就能找到所需的资料。当然，今天计算机的快速检索功能是鲍勃所不具备的。

时不时地，新的想法就会涌现，帮我们更好地或以不同的方式处理事情。询问最高财务长官对这些新想法的看法。他们的回答会流露出对改善财务控制这一重要事务的态度。有些人可能没有考虑过这些想法，因此可能会立即抵制新生事物，还有的人可能已经考虑过这些想法，并且能够解释为什么对他们这家特定的公司来说这些不是好点子。

超级公司的财务管理人员乐意采纳新思路，并且几乎了解你提出的任何建议。他们可能没有选择实施一个方案，因为这个方案催生了一个更好的解决方案，可以实现相同的目标。关键在于有没有寻求进步的愿望。

在超级公司中，市场营销、财务控制和劳资关系必须卓越出色。这些出色的工作必须与一个主要的优势（其他人无法轻易与之竞争的优势）相结合——这也是做生意的基本目标。企业的这些特质必须存在于一个环境中，在这个环境中，员工都一门心思专注于公司的成长。聪明的商人不会把精力浪费在低回报的领域，击败对手是件好事，但能够避免竞争则更好。尽可能避免直接竞争是明智的。接下来让我们看看如何避免来自其他公司和其他投资者的竞争。

第 9 章

规避风险的上策：避免竞争

大卫和食蚁兽

生命太短暂了。外面有很多大坏蛋，他们就喜欢抢别人的午餐。离他们远点。在商业上，这个说法是完全正确的。有时，一个大卫能杀死一个歌利亚。更可能的是，一个歌利亚只是绊倒了自己，无意中压死了两三个大卫。

我的儿子们在周六看电视动画片"食蚁兽"。食蚁兽吃蚂蚁，它们可能会踩到蚂蚁，甚至可能坐在蚂蚁身上。不管你怎么看，都是蚂蚁遭罪。食蚁兽不是很高尚，它们可能被人看不起。如果我在驾驶诺亚方舟，我会让食蚁兽排到最后上船。然而，它们却会让可怜的蚂蚁生活得非常悲惨。㊀

㊀ 作者借用《圣经》中大卫和歌利亚的故事、动画片中蚂蚁和食蚁兽的形象，比喻实力悬殊的竞争对手。——译者注

避开食蚁兽出没的地方

大公司在大市场做得好，小公司在小市场做得好。大公司在小市场做得好，或者小公司在大市场做得好，则是非常少见的。

大市场，特别是具有良好增长潜力的大市场，吸引着大公司。一家市值达数十亿美元的公司会毫不犹豫地追逐一个巨大的市场。但是，面对一个小市场，即使是增长相当迅速的小市场，它也会犹豫不决的。

看一下个人电脑市场的例子。在短短几年内，它已成为一个 60 亿美元的大市场，并且仍在快速增长。在苹果公司"开始吃螃蟹"之前，DEC、惠普、IBM 和德州仪器等公司都已看出了个人电脑市场的潜力。

但当时没有一家大公司进入市场。苹果、凯普罗、奥斯本、瑞赛和其他小公司在快速增长的小市场上已经占有一席之地，大家伙们还在琢磨这是不是真的。

到了 1982 年，市场已经很大，大玩家也进场了。例如，IBM 在很短的时间内就占据了这个庞大个人电脑市场的很大份额。许多观察家认为，IBM 用一款较次的产品实现了这一步。人们很容易从成熟的小型厂商手上买到质量更好的产品——但这样的产品不好卖。这些小厂在大型市场上没有 IBM 的影响力。独立软件公司争相为 IBM 个人电脑编写程序，因为它们知道无论硬件是不是最好，IBM 都会卖得很好。有这么多软件加持，即使硬件一般般，IBM 个人电脑也变得很有吸引力了。

1983 年和 1984 年，食蚁兽很容易得手。一路上不少蚂蚁吃尽苦头。看看德州仪器为其个人电脑定价的方式，赚不赚钱无所谓，只要能够获得市场份额，它可以承受长期亏损。再看看德州仪器在计算器和手表上都干了什么。早期豹马是计算器行业的领导者。还记得豹马大脑计算器吗？德州仪器的计算器定价，直接将豹马推向了破产（参见第 11 章）。

避开和庞然大物直接竞争的市场，大块头会给你带来损失，而它们自己也不赚钱。我害怕食蚁兽压在我身上，就像怕它吃掉我一样。一家公司应该选择和自身规模匹配的市场。蚂蚁公司（小公司）应该选择规模小到食蚁兽不感兴趣的市场。在小市场里，大公司很容易赔钱。

任何一家公司都只有很少的人能像将军一样思考。大多数人的想法都像上校、少校、上尉、中士和士兵一样。大多数公司都会把最优秀的人才放在最重要的市场上。一家大公司往往将其最优秀的人才投向大市场。看一下 DEC、惠普或德州仪器，每家都有 40 亿美元的年销售额，都试图以每年 20% 的速度增长。⊖要达到这个增长速度，1983 年需要新增8 亿美元的销售额，1984 年则需要新增 10 亿美元。如果你在掌舵这些巨轮，你会在一个只有几亿美元规模的市场浪费时间吗？如果这些市场上已经有了许多地位牢固的对手，规模虽小但更具创业精神，你不会感到害怕吗？

日本企业能攻占大型市场——有时候能

日本企业是美国商人最害怕的对手。它们得到了许多媒体的关注。人们普遍担心它们会进入自己的市场，"也许它们会像对待汽车、钢铁和电视机行业那样对待我们"。

日式打法在大型市场效果最好，它们在大众市场或价格驱动的市场表现突出，但在面向成熟客户的直销市场或需要重要战略规划的市场表现逊色。

研究一下激光器市场。20 年后，在零部件层面，它只是一个价值数亿美元的市场。这还是由许多基于不同技术的缝隙市场组成的。这些不

⊖ 按照 1983 年的销售额。

同的技术能使设备"相激发光"。产品系列包括：氩离子激光器、二氧化碳激光器、二极管激光器、染料激光器、准分子激光器、氦氖激光器、红宝石激光器、半导体激光器和钇铝石榴石激光器等。这些市场主要由圣何塞市的光谱物理公司和帕洛阿托市的相干公司控制。它们是该行业的奠基者。1983 年，光谱物理是一家销售额 1.35 亿美元的公司。而第三大厂商，佛罗里达州的可控激光，年销售额不到 1500 万美元。其他几十家供应商的规模还要更小。[⊖]

尽管一些大公司做出了努力，仍未在这一市场占据较大的份额。美国是向日本出口激光器的主要国家。日本大公司在当地生产激光器，但日本国内市场很小。而它们又很难在美国销售产品，因为销售激光器需要很强的市场能力，每台激光器的销售都需要高水平的技术和服务支持。任何非本地公司都很难提供这种服务。因为日本激光企业在美国市场没法立足，所以它们的销量很低、成本很高，无法像汽车行业那样获得规模效应。美国厂商以其较高的销售量和较低的成本在日本做了大量业务。其他行业也是如此，在规模较小的市场，日本企业的表现相对较差。

看一下软盘行业。软磁盘是个人电脑几乎完美的"搭档"，好比是个人电脑行业的"剃须刀片"，任何严谨的用户在购买电脑后的一年内都会花几百美元购买软盘。软盘和个人电脑可以说是携手而行。

当我购买威宝公司的股票时，软盘行业的总市值不到 2.5 亿美元。市场上 8 英寸磁盘为主，其次是 5.25 英寸的。后者市场规模较小，但增长速度较快。IBM 生产 8 英寸磁盘，不生产小的。3M 和日立也在这个市场中。这三家的产品都很好，但没有一家卖得好。

市场由小公司主导。威宝潇洒地占据了 5.25 英寸磁盘 35% 的市场

⊖ 现在是深市上市公司大族激光（002008）的全资子公司。——译者注

份额。其他小厂如大胜和西迪斯也都占据了一席之地。对于 3M 这样的大厂来说，这是一个非常狭小的市场。不可否认，日本人通过日立和其他公司在软盘行业占领了一点有限的市场。然而，他们干得并不好。

虽然日本和美国的大公司已竭尽所能，但从没在这个快速增长的领域占领多大地盘。但有些公司能行。随着市场的扩大，自身规模不断增长，威宝一直能够保持其 35% 的市场占有率。

小而独特就是优势

避开主流技术就像避开大型市场一样明智。出于许多相同的理由，这是千真万确的。只要有可能，就尽量避开全国主要研发机构涉猎的科技领域。IBM、德州仪器和贝尔实验室的主攻方向迟早会给它们自己或其他公司带来大量的商机。

相反，去找找那些领域，在那儿大公司不会像把扑克牌扔进帽子一样，投入大量研究经费。大企业往往将大部分研究经费投放在预期会有巨大商机的领域。一家小公司花了几年时间开发出一种更好的捕鼠夹子，却被巨型机构 5000 万美元的研究成果挫败。避开主流技术通常与避开大型市场一样重要。

有的小公司竭尽全力把自己定位于快速增长的小市场，市场规模小到无法吸引食蚁兽的注意。有的小公司高管不懂这点，去追逐大市场，结果经常是遭受损失。一家年销售额 5000 万美元的公司，在一个 1.5 亿美元的快速增长的市场里，通常比在一个规模更大、增长更快的市场里，处境要好得多（其原因到第 10 章才能完全明了）。部分原因是该公司不会试图发展得过快（见第 2 章），而主要原因在于这是一种避免食蚁兽的方法。

记住泰迪·罗斯福[⊖]——步履轻柔，但资产负债表强劲

一只蚂蚁可以从一次野餐中带走一片和自己一样大，甚至更大一点的面包。我们不喜欢那样做。我们把资源分成小块储存起来，就像松鼠准备过冬一样。

一张强大的资产负债表赛过很多头疼药片。投资这样的公司，风险会低得多。如果一家公司正在亏钱，但是前途光明，就不要担心。但是，如果一家公司的亏损与"战时资金"有很大关系，那就要非常注意了，这样的公司可能没有未来。[⊜]资产负债表分析是不复杂的，在大多数大学，非会计专业的会计课程上都能学到这些基础知识。

一般来说，最安全的做法是看一下公司在未来一段时间内可能损失多少钱（见第 10 章的利润率分析），然后确认资产负债表是否足够强大，足以应对这些甚至更大的亏损。一家超级公司应该有足够的不受限的营运资本，来应对至少 5 年内可以预见的最大亏损。这就是我所说的未来损失保障程度。保障程度越高越好。

如果一家公司的债务占总资产的比重不到 40%，这有好处。公司负债越少，风险越低。这是常识。在看债务总额时，重要的是要考虑到潜在的或有负债。[⊜]

现金流至关重要。许多经验不足的投资者不知道企业在亏损时，仍能产生大量现金。利润表中"折旧"带来的净现金可以使公司在艰难

⊖　泰迪·罗斯福（Teddy Roosevelt）的正式名字是西奥多·罗斯福（Theodore Roosevelt，1858—1919 年），又译作狄奥多·罗斯福，人称老罗斯福，是美国第 26 任总统。此处借用老罗斯福的著名观点：说话轻柔，但手持大棒，你才能走得很远。用来强调企业资产质量的重要性。既有实力，又有自我约束，不盲目扩张。——译者注

⊜　"战时资金"专指公司储存起来用于收购或防御收购的流动资产（现金）。——译者注

⊜　这里可能包括未提取的养老金负债、诉讼风险、未来环保或监管所需的费用。

时期长时间维持偿债能力。折旧提供现金来支付账单，把狼群拒之门外。

从会计角度看，短时的亏损是可以接受的，但要小心负现金流。不受限的净营运资本应该足以覆盖至少3年的负现金流（现金耗完了，你的生意也就结束了）。当一家超级公司通过折旧或摊销拥有正现金流时，购买这家亏损公司的股票，风险就会大大降低。

谁在审计财务

上市公司一般由八大会计师事务所（后文简称为"八大"）审计。"八大"指安达信、雅特杨、永道、毕马威、塔奇·罗斯、德洛伊特·哈斯金斯·塞尔斯、普华、恩斯特·惠尼。[一] 95%的超级公司由其中一家机构审计，80%以上的公众公司都委托"八大"审计。随着自身的成长，许多小公司将会转向"八大"。

"八大"的审计并不是资产负债表准确性的保证。毕竟每个人都可能犯错误。但"八大"的审计往往表明，企业严格遵循了正常的会计程序。安达信或毕马威在年度报告上的签名，让我们有理由相信资产负债表的数据与公司的表面情况大致相同。

较小的区域性会计师事务所可能做得不错，但许多小事务所并不经常提供审计服务。它们可能不具备处理异常情况的能力或程序。当你的研究对象由一家区域性事务所审计时，最好问一下它们审计过多少家上市公司，都是哪些公司。它们在这方面的业务和经验往往很少。

[一] 截至2021年，八大会计师事务所已经演变为四大会计师事务所，分别是普华永道、德勤、毕马威、安永。——译者注

公司的控制权在谁手里

超级公司最高管理层通常拥有实质性的所有权。管理层成员中可能会有公司创始人。如果高管是后来加入的，可能会获得期权，以激励他们改善公司业绩，增加股票价值。

如果管理层拥有大量股票，他们就是股东的合伙人。他们有充足的动力促使股票升值。他们将特别保护公司的资产负债表。如果你买了股票，你就与管理层共享了公司的资产与负债。关于管理层应该持有多少股票，目前还没有明确的规定，但某些概念是有参考作用的。管理层应有合理的薪酬，但相对于其拥有的股票价值而言，薪酬应该低。当管理层持有的股票金额不超过他们的工资时，你就要对他们持怀疑态度了。他们可能对自己的薪水比对公司的股权价值更关心。最好的情况是管理层持有的股权价值是其综合年薪的 10 倍以上。

当一家公司的控制权归于一两个人时，你就要特别小心——这种情况下，结果可能会好得不得了，也可能糟得不得了。是好是坏完全取决于这几个人。

如果没人拥有控股权，而且管理层无能，董事会很可能会把他们开除掉并另聘新人。如果公司由一两个人控制，公司的未来就完全掌握在他们的手中。实际控制人可以使公司很成功，也可以使公司完全失败。在这种情况下，董事会不能也不愿采取任何措施来保护小股东的权益。

拥有适度控制权的管理层将股东视为公司的合法主人，有权分享公司的未来。控股权不足的管理层把小股东当作讨厌鬼。差劲但有控股权的总裁可能把公司当成自己的私人财产，而把小股东视为二等公民。他可能出于骄傲或自负的原因，继续他无能的管理。也可能选择一个更差劲的人来接替他，也许就选他的朋友。他可能觉得自己已经够富了，失去了带领公司创造财富的激情。有许多实控人为自己和股东干得很成功，也有很多是失败的。在任何领域，失败的往往比成功的多。

当一家公司是由几个关系紧密的人控制时，最重要的是你要弄清楚他们的为人。如果你弄不清楚，最好谨慎一点，把钱投到其他地方。

第 10 章

利润率分析：寻找独特优势

问题

对未来利润率的分析是投资问题的核心。它将市场估值、销售额和利润联系在一起；它将市销率和市盈率联系在一起；它还将基本面分析与估值分析联系在一起。怎么强调都不过分。利润率分析不是一个新概念，而是一个非常古老的方法。

利润率分析讲的是什么？它预测一个企业未来能赚多少钱。即使这个企业目前盈利能力很差或没有盈利能力，也能预测未来。许多人关注的是下季度或明年能挣多少钱。我从不这样想。（本章和下一章将重点介绍如何估算未来几年的盈利——理想情况下为 5 年。）

利润率分析对研究超级强势股至关重要，它为评估那些遭遇挫折的企业提供了合理的方法。当公司遭受挫折时，大多数投资者没有一个合理的方法来评估其价值。当一家公司出现问题而股价下跌时，如果你能对其估值，你就有了超过其他投资者的真正优势。长期利润率分析的好处是，你能够在一定程度上准确地预见企业几年内的盈亏。

你认为"美国伟杰（American Widgetronics）"很可能是一家超级公司。也许你还不确定。你做了一些核实。目前为止，一切看起来都不错。你想得出一个结论。利润率分析是确认超级公司的最后一步，也是确认超级强势股的第一步。

利润率分析是业务分析和证券估值之间的桥梁。利润率分析把零碎的业务信息整合在一起。这是一种多方位了解公司未来的方法。

定义

净利率 = 税后利润 / 总销售额

税前利润率 =（总销售额 − 税金之外所有的费用）/ 总销售额

毛利率 =（总销售额 − 销售成本）/ 总销售额

总销售额 = 出售产品或提供劳务获得的收入之和

从过去寻找线索：谁唤醒了沉睡的狗

看看历史利润率，然后判断未来利润率和过去比是相同、更高还是更低。每个公司有不同的历史。有些公司利润率一直在 5% ~ 7% 之间，也有的在几年内赚了 10%，然后几年不赚钱，平均在 5% 左右。有些公司长期利润率较低。有的在好年景挣一点点钱，在差年景亏很多。少数精英企业长期保持高利润率——10% 左右。

顾名思义，超级公司的利润率会高于竞争对手和同行。一家制造业超级公司应该长期拥有 5% 左右的利润率。无论多强大的公司，很少有利润率长期超过 10% 的。如果公司发展迅速，情况尤其如此。新的竞争对手往往会被这些高利润、高增长的领域吸引进来，就像被吸进真空一样。新进入者不一定会成功，但会拉低行业利润率，包括拉低行业领头羊（超级公司）的利润率。对于非制造业的超级公司来说，利润率可能要低得多。

　　始终记住，一个公司或行业的高市销率可能在另一个公司或行业算是低市销率。市销率受未来利润率的严重影响（见表4-1）。在市销率既定的情况下，较低的未来利润率意味着将转化为一个相对较高的未来市盈率，而较高的未来利润率意味着将转化为一个相对较低的未来市盈率。

　　公司的财务历史揭示了公司所建立的财务文化。我们来看一个制造业的案例，某公司过去5年里，年利润率不到2%。你在考虑它是不是一家超级公司。

　　低利润率会告诉你一些事情。低利润率表明，管理层认为不好的业绩是可以接受的，最不济公司还可以活下去。他们对利润率不高已经习以为常。董事会没有感到不快，管理层也没有难为情。也许一些不满意的股东会把股票卖给其他人，而这些人期望值更低，愿意以较低的价格买入业绩平淡的股票。没有人大惊小怪。

　　如果没有什么东西来提振它，这家公司就不可能成为超级公司。它更像一只沉睡的狗，如果不去猛"踢"一脚，它会继续昏睡下去。如果它想成为一家超级公司，你要看懂是什么"踢"醒了它。谁去"踢"了它？这条狗醒来后会往哪个方向走？根据我的经验，我很少看到一只"沉睡的狗"在没有被"踢"的情况下能自己醒过来，包括被新管理层"踢"。

　　"踢"醒它需要的不仅仅是新管理层。还需要一场剧烈的变革来撼动企业的文化。那些老家伙必须被赶出去，并被打上"沉睡"的标签。必须大张旗鼓地引入新团队以宣示企业重生。如果没有这次改组，中下层员工将不会相信公司会有更好的未来，很难激励他们改变工作态度。任何关于提高盈利能力和实现公司增长的话题，他们将以漠不关心的态度回应。一切听起来都像是空谈，仅此而已。如果没有企业文化的重生，一只沉睡的狗不可能成为一家超级公司。因此，必须寻找新的管理层。

在一个有过令人印象深刻的增长率和利润率的公司，只要管理层一直努力，董事会很可能会原谅管理层的错误。毕竟，他们以前做得还不错。难道他们不应该再有一次机会吗？管理层理解高利润率的重要性。高利润率不是偶然发生的。浪费利润比赚取利润的途径多多了。高利润率是人们努力的结果。管理层可能存在一些问题，但他们愿意追求卓越。

如果有疑问，请提出来

提问肯定不会有什么坏处。向管理层询问其长期利润率目标是很容易的。我从来没有发现一家公司没有利润率目标。虽然有些人没想清楚，但他们都能提供一些数字。开口问吧！然后仔细听！这可能是一场对话的开始，通过对话了解管理层是怎么想的——这是利润率分析的关键之一。

目标利润率一般会高于当前利润率。通常，特别是一只沉睡的狗有了新管理层的情况下，相对于历史利润率，目标会相当高。为了达到新的水平，公司必须做与过去完全不同的事情。他们知道应该做多大的改变吗？其实很多人不知道。他们严重低估了需要做的事情，因此不可能实现目标。超级公司知道该做什么，所以能实现目标。避免诱导性问题，这会让管理层告诉你他们认为你想要的答案。要求管理层阐述提高利润率的战略。如果是只沉睡的狗，那就彻底离开吧。

从"碎布"到"巨富" [⊖]

答案将分为两类：

公司可能会规划改进，从而提高毛利率。这将在研究费用、管理费用和一般费用以及销售费用不变的前提下挤出更多的利润（盯着费用）。

⊖ 作者喜欢用双关语。研发费用、管理费用、销售费用的英文是 Research expenses, Administrative and General expenses, Sales expense，首字母连起来就是 RAGS，字面意思是碎布头。此处原文 From Rags to Riches，表面意思是白手起家、从赤贫到巨富。作者的本意是：在费用上动脑筋难以大幅度改善利润率，只有建立独特优势才能跨过从赤贫到巨富之间的鸿沟，从而成为超级公司。——译者注

他们可能打算削减销售或研发费用，或者降低管理费用来增加利润（还是打费用的主意）。

提高盈利能力最持久的方法是提高毛利率。这需要做与过去根本不同的事情。产品可以设计得制造成本更低，也可以设计一些独特的功能，使售价更高。在管理费用、销售费用和研发费用上"拧毛巾"不会产生持久的影响，因为竞争对手很容易模仿。合理安排各项支出并取得成果，比简单地削减费用更有效。如果不在营销和研发上投入大量资金，就很难开发出新产品、新工艺和新市场以提高毛利率。

大多数优秀的公司至少需要将其销售收入的 20% 花在各项费用上。假定税率为 50%，如果想获得最低 5% 的利润率，它需要高于 30% 的毛利率。我们看看为什么。

表 10-1 列出了两家公司的情况。A 公司的毛利率为 30%，B 公司的毛利率为 40%。两家公司都把销售额的 20% 花在各项费用上。看看税后利润率的差异。A 公司毛利率为 30%，净利率勉强达到 5% 的门槛。拥有 40% 毛利率的 B 公司，净利率为 10%，是 A 公司的两倍。

表　10-1

	A 公司	B 公司
毛利率	30%	40%
销售收入	100	100
销售成本	70	60
毛利润	30	40
费用：		
研发费用	5	5
市场营销费用	10	10
管理费用	5	5
费用合计	20	20
税前利润	10	20
所得税	5	10
净利率	5%	10%

各项费用的占比可能会增加，因为：

▶ 费用不变而销售额下降了；

▶ 或者为了提升增长潜力，公司决定调高费用开支。

假设一家公司需要在各项费用上花更多的钱，也许它们想开发新产品或升级现有的产品线，也许它们想建设自己的财务核算与控制系统。具体用途在这儿不重要，只是确定费用占销售额的百分比将增加。看看会发生什么。表 10-2 中，A 公司和 B 公司的毛利率跟前面一样，但现在它们将 25% 的销售收入花在了各项费用上。

表　10-2

	A 公司	B 公司
毛利率	30%	40%
销售收入	100	100
销售成本	70	60
毛利润	30	40
费用：		
研发费用	7	7
市场营销费用	11	11
管理费用	7	7
费用合计	25	25
税前利润	5	15
所得税	2.5	7.5
净利率	2.5%	7.5%

在这种情景下，A 公司的利润率达不到 5% 的门槛，毛利率较高的 B 公司很容易地跨过了门槛。这两个例子说明了高毛利率的价值。如果毛利率定在 50% 以上会是一个很好的目标，会为利润留下更多空间，并留下更多费用支出的空间以支持未来的增长。一份过硬的利润表也许如表 10-3 所示：

表　10-3

毛利率	50%
销售收入	100
销售成本	50
毛利润	50
费用：	
研发费用	8
市场营销费用	11
管理费用	7
费用合计	26
税前利润	24
所得税	12
净利率	12%

　　这张表为费用增长留出了空间，目前的利润可以为发展提供资金支持。虽然这是一个很好的目标，但具体数字不需要固化。

　　不幸的是，会计并不完美。在一家公司列入销售成本的某些费用，在另一家公司可能就列入营销费用或管理费用。对某些费用，管理层很难决定该记在哪里。在许多公司，服务部门是非常有效的销售工具。某些服务费用应列入与服务收入相关的销售成本，还是应列入劝说客户多买产品的销售费用？

　　同样，销售需要技术安装的产品，通常涉及销售人员、技术人员和生产人员的配合。对每个人在各自职能上投入时间的估计，将决定财务报表的构成。诸如销售成本、毛利、销售费用、研发费用或管理费用等项目，是根据管理层的假设分配的。

必须做些相当独特的事情

　　由于管理层做出了不同的假设，因此要求利润表每个组成部分都很精确是不对的。财务报表的艺术性多过它的科学性。不要斤斤计较它在营销上花了9%还是8%。毛利率目标是39%还是41%也不重要。一份说得通的改善利润率的通盘计划很重要——如果要实现目标，这是必需的。每个部分都要说得通。要实现高毛利率，就必须做些相当独特的事情。

高毛利率来源于：

▶ 做好产品规划（市场规划），搞清楚未来客户的需求和市场竞争情况。对未来产品价格和销量做出预测。

▶ 按成本设计产品，对于与未来定价相关的原料与产品流程，以较低的成本进行核算。设计方案应该能实现低成本量产，但又能满足客户需求。

▶ 持续关注生产过程的每一个细节，以降低生产成本。

探究一下公司计划中有什么特殊性，使它们能够以别人难以模仿的方式向客户提供服务。这不一定是独特的技术，更有可能是对客户的独特理解。如果管理层头脑中没有对"独特优势"清楚明了的理解，那么这就不是一家超级公司。

询问管理层打算怎么去实现利润目标，你可以得到有趣的答案。这些答案可以分为真正的创新行动，或是一直该干的事情。减少库存、提高生产效率、缩短应收账款账期、削减广告费用以及其他"拧紧水龙头"的行为都挺好，但它们绝非独特优势。这些事情是你的竞争对手很容易做到的。这些是必要的，但还不够。

当一家公司打算通过"拧紧水龙头"降本节支来达到利润目标时，等于承认了以前做得不好。如果管理层还是那些人，公司以后也不会运行得好。为什么该换人了？"沉睡的"管理层声称要"拧紧水龙头"，可从来没有使过劲儿。有了新的管理层，"沉睡的狗"也许会"把水龙头拧紧"。

对于新的管理人员，了解他们以前的工作风格并不难。他们以前在哪里高就？在以前的职位上有何作为？在以前的工作中能"拧紧水龙头"吗？

把同样的"旧"事情做得更好，从而可以获得更高的回报，对此说法应持怀疑态度。仅仅按教科书的模式去管理，只能产生高于平均水平，但不会很突出的结果。对那些声称利润率差的企业可以很快转好的说法，应该警惕。这几乎是做不到的，除非是从经济衰退中复苏的时候。利润率的持续大幅改善，一定是公司业务性质发生彻底改变的结果。与竞争对手相比，超级公司拥有独特优势，让它们获得丰厚的利润。

生活中我真正想要的是独特优势

独特优势有多种形式，通常分为三大类：营销优势、生产优势和研发优势。在过去的几年里，当研发不仅仅是一种商品时，专利技术往往是一种独特优势。今天这种情况很少见了。有时独门技术仍然可以提供独特优势。

营销中的独特优势有多种形式。有一种就是更懂得如何发动客户，这是很常见的。乔·布洛早年从事储蓄和贷款行业。之后，他离开这个行业，回过头向从前的客户销售产品或服务。没有比这更简单的了。当他想了解一些新东西时，就会去"朋友圈"中找人。他很快就发现市场上将发生什么，而其他销售人员可能还徘徊在采购代理层面上。那些销售员不会经常出现在关键高层决策者放松自己的地方。乔轻而易举地跨过了这个门槛。这不仅是因为他了解这些高层，而且在很大程度上，和他们一样思考。

看一下迪讯——一家著名的信息服务公司，现在是 A.C. 尼尔森的子公司。其早年在半导体行业的服务取得了成功，很大程度上是因为吉姆·赖利的管理和运营。赖利曾在西格尼蒂克、英特矽尔和仙童公司工作过，在半导体行业的市场营销方面他有着长期而成功的职业生涯。当他打电话向半导体行业的大人物们推销迪讯的服务时，他可以开门见山并吸引他们的注意力，而这是别人做不到的。在很短的时间内，半导体服务就成了迪讯体系最大的业务板块。

让我们进一步聚焦所谓的独特优势。其类型包括：

▶ 分销优势以及将差异化产品投放到不同市场的能力。

▶ 通过产品广告实现的规模效应。

▶ 商业秘密。

▶ 长时间的领先。

▶ 实现低成本生产的技术。

▶ 客户愿意为之多付钱的高品质形象。

这张清单可以继续列下去。关键是找到一种独特优势，让你的投资能够获得超过平均水平的超级回报。你要确定公司能否保持相对于竞争对手的优势。

高市场份额可能是一种独特优势

高市场份额是长期以来公认的一种独特优势。波士顿咨询集团把这一概念引入现代利润率分析领域，并将其作为决定潜在盈利能力的关键因素加以推广。

几十年前，人们凭直觉理解了这个概念。极端的情况是，这一概念催生了陈旧的《谢尔曼克莱顿反托拉斯法案》。政府认为极高的市场份额非常不公平，以至于将其定为非法。市场份额概念作为理解企业未来盈利潜力的关键工具，在商学院的理论中可能永远占有一席之地。为什么市场份额对未来利润率如此重要，其原因显而易见。

这个问题有点像鸡和蛋的循环。随着时间的推移，超级公司占据了市场份额，并开始主导一个行业。然后，通过其市场地位，它可以保持高利润率，从而有资金用于发展，以延续其市场主导地位。

相对市场份额更有力量

想想为什么。一般来说，30% 的市场份额被认为是很高的份额。市场份额真的重要吗？是很重要，但相对市场份额最重要。表 10-4 是三家不同行业公司的情况，每家公司都有 30% 的市场份额：

表 10-4

	公司 A	公司 B	公司 C
市场份额	30%	30%	30%
最大竞争对手的市场份额	50%	30%	12%
第二大竞争对手的市场份额	20%	15%	7%
竞争者总数	3	9	18

尽管这三家公司都有 30% 的市场份额，但它们的相对市场份额都不同。因此，它们的潜在盈利能力就有了差异。到目前为止，C 公司处于最佳地位，它在其行业中占有主导地位。它的单位生产成本可能最低，因为它可以将固定成本以更大的生产数量来分摊。由于其规模大，它就能够负担更大的开发支出和市场研究支出，而对规模较小的竞争对手来说，这些项目只能放弃。在经济疲软的情况下，它可以比竞争对手更大幅度地降价。

只有在生产技术发生快速变化的情况下，高市场份额才会对 C 公司不利。例如，对采用旧工艺的工厂进行大量固定资产投资，可能会对市场份额领先者不利。在 20 世纪 60 年代和 70 年代，高市场份额从未保护过美国钢铁免受外国同行和国内小型钢厂的竞争。日本和其他国家钢铁生产商建造了采用新技术的工厂，与日渐老化的美国钢铁竞争，而美国钢铁的许多工厂仍在使用过时的平炉技术。

更具破坏性但不太为人所知的是美国小钢厂的影响。短短10年，采用连续铸造和其他创新技术的国内小型钢铁厂将棒材、扁钢、钢筋、角钢和其他细长型钢的市场从大型钢铁公司手里一抢而光。床架或石油钻塔，以前由美国钢铁的产品制成，现在由查帕雷尔钢铁公司、佛罗里达钢铁公司、乔治城钢铁厂、纽柯钢铁和其他公司的钢材制成。这是现实版的大卫杀死歌利亚的故事。

另一方面，如果消费者偏好发生变化，而C公司没有做出响应，它可能会失去市场份额。通用汽车和福特汽车之所以失去了市场份额，是因为它们无视美国市场在20世纪60～70年代对小型汽车的偏好。从理论上讲，市场份额领先者应该能够比竞争对手花更多的钱来研究市场和消费者偏好的变化。这些公司也许没能充分利用高市场份额带来的独特优势。管理层没能对市场变化做出响应，或者根本不能高效地组织生产。尽管如此，高市场份额的潜在力量还是巨大的。

B公司的境况更糟。在行业里，它仍然相当强大，它和C公司在自己行业里所拥有的份额一样。不幸的是，B公司的主要竞争对手也有同样的实力。它们都具有给对方造成巨大伤害的潜力。这有点像穆罕默德·阿里对乔·弗雷泽的比赛，凭实力两人无疑都是冠军，但在15轮对决后，两人都疲惫不堪。没有明显的理由说明谁比谁打得更好。最后的结果很大程度上是他们的个人因素造成的。

现在看一下A公司，其绝对市场份额高，但相对市场份额较低。其份额低于行业领先者。很明显，它并没有处于有利的地位，如果比它更大更强的公司心血来潮、突发奇想，A公司很容易受到影响。在这样一个竞争者很少，但每个竞争者又都拥有很大市场份额的行业中，当盈利成为每个竞争者心中的首要目标时，所有竞争者在繁荣时期都会有良好的利润率。这可能会促进竞争者之间的非正式沟通，以避免残酷的价格战。在 20 世纪 70 年代早期，陶氏化学称之为"政治家式定价"。当繁荣消退时，政治家风度也会消退。在糟糕的经济环境下，这些公司可能会在价格战中一战到底、血流成河。之后，A 公司就能体会到更大竞争对手的冲天怒气，它对 A 公司具有许多优势，就像 C 公司对竞争对手一样。

另一个因素（增长）让事情进一步复杂化。每家公司都会发现，在行业需求上升期与行业需求萎缩期，自己处于完全不同的境况。这一点，即使最不经意的观察者也看得出来。如果 C 公司所在的行业被公认具有快速增长的前景，那它就会发现小的竞争对手通过增加权益融资或债务融资，形成了新的、更大的竞争力。

相反，如果该行业正在萎缩，这些小公司不太可能找到任何人给它们融资。看看差异吧。一方面，有许多高科技公司正在成立，并通过风险投资和公开募股以高市销率融资。另一方面，汽车及相关行业的重要性几年来一直在下降。无论如何，增长并不会以任何方式消除市场份额对利润率的有效影响，充其量只是稍微改变了一点点。

第 11 章

利润率分析（续）：公式及规则

盈利预测公式

几年前，我提出了一个简单的利润率预测公式，定量分析盈利情况。这一公式的用意是激发人们的思考，而不是应用于实际操作中。没有一个公式能够解释影响利润率的所有变量。我的公式当然也不能。这个公式不是让你精确地预测利润率。它之所以有用，是因为它提出了涉及公司未来盈利潜力的诸多问题。

这个公式最简单的表达形式如下：

$$未来长期平均潜在利润率 = \frac{0.13 \times (市场份额)^2 \times (1 + 行业增长率)}{最大竞争对手的市场份额}$$

这个公式的实用性可能并不明显，但它功能强大，用起来方便。它考虑了市场份额、相对市场份额和增长率。虽然一开始看起来难以理解，但它便于计算。

知道了市场份额和行业增长率，你用这个公式几秒钟内就能算出结果了。这个公式忽略了行业参与者的数量，因为如果参与者很多的话，大多数将会是无关紧要的。如果只有少数参与者，那么公式涵盖了行业的竞争情况。该公式假设固定税率为50%。

注意：公式不允许任何一方拥有100%的市场份额。100%的市场份额意味着没有竞争对手。在现实世界中，不存在完全垄断，除非是政府创造的或特许的。如果政府这样做了，比如特许经营的公用事业，政府通常不允许很高的利润率。

如果你的竞争对手拥有100%的市场份额，会出现什么情况？你一定没有生意做，因而你不可能有任何利润。如果你的公司拥有100%的市场份额，这个垄断地位将让你有无穷大的利润空间。按照逻辑，这是可能的，但经济学家会说这不可能。$^{\ominus}$

该公式适合不同的市场份额以及行业的极高增长率或负增长率。系数0.13是长时间测试确定的一个主观数字。主要变量是公司所在的市场和行业。这可能很难确定。联邦快递存在于哪个市场？它的市场份额是多少？对一家横跨多个行业的公司或一个集团公司来说，这也是十分难以确定的。在一个行业内，通常存在几个不同的市场。例如，市场可以由运输成本限定的地域范围来划分（如水泥行业），或由社会阶层来划分（如大多数高档消费品）。凯普罗公司的计算机，相当于汽车行业的大众，确实无法与网格系统计算机相比，它的价格是凯普罗的6倍，相当于汽车行业的奔驰。它们根本不在同一个市场。

例子

为了检验公式的有效性，来看几个例子。假设某公司拥有30%的市场份额，未来5年行业将以40%的速度增长，其最大的竞争对手拥有

$\ominus$　即使是最大的垄断厂商也不能获得无穷大的利润率。除非它是在少数几个"极度缺乏弹性"的市场里，否则是不可能的。

12% 的市场份额。计算得知，该公司潜在利润率为 13.7%。

$$潜在利润率=\frac{0.13\times30\%^2\times(1+40\%)}{12\%}=13.7\%$$

这家公司正处于最理想的位置。在快速增长的市场中，它拥有很高的市场份额并处于主导地位，最大竞争对手的份额还不到其一半。常识表明它前景良好（幸运的是，我的公式结论也是如此）。如果这家公司的利润率很低，一定是在哪里摔跟头了。很可能它没能制定好的战略，或者没能很好地执行战略。公式并没有说该公司将获得 13.7% 的利润率，而是说如果经营得当，它有可能获得很高的利润率（在上一章中，假设 C 公司所在行业增长相当迅速）。

看看同一个例子中的 B 公司。它拥有 30% 的市场份额，和它最大的竞争对手一样。如果你设想 5% 的增长率，那么公式显示潜在利润率只有 4.1%。公式对低增长行业的公司产生了严重的偏差，即使其市场份额相当高。

$$潜在利润率=\frac{0.13\times30\%^2\times(1+5\%)}{30\%}=4.1\%$$

如果一家公司处于低增长或衰退的行业，想要实现高于平均水平的利润，就更加困难了。它最好能有一些非常独特的优势。近年来，钢铁行业的平均盈利能力（即使是市场份额较高的公司）非常差。纽柯钢铁生产角钢、钢筋、扁钢、槽钢、工字钢和其他型材。这类大宗商品几乎没有增长前景。纽柯成立于 20 世纪 70 年代初，市场份额非常低。尽管存在这些不利因素，但它建立了一些独特的优势，获得了高于平均水平的盈利并实现了增长。

这个公式的要点是：它引导投资者关注企业实现利润目标所需的独特优势。在纽柯的案例中，公式会表明利润率低是很有可能的，但在考察纽柯时，重点要放在独特优势的规模和质量上，其他都变成次要的了。

注意，这个公式不会得出负值。无论市场份额、增长率或竞争环境如何，每个企业都有盈利的潜力。潜力不同于现实。公司长期亏损不是因为没有盈利潜力，而是没有挖掘潜力。

无论潜力如何，公司都必须抓住每一个机会寻求优势。当然，竞争对手也会这么干。同样重要的是要考虑竞争对手的利润率。它们的利润率是多少？这对你正在考察的公司意味着什么？和"你的"公司比，竞争对手有什么独特的优势？几乎没有一家公司会承认竞争对手具有明显的优势。在这一点上，与客户、供应商和竞争对手进行交流肯定是有收获的。《普通股及其不普通的利润》一书中描述的"闲聊法"是了解竞争状况的必要步骤：

竞争对手获得了什么样的利润率？为什么？如果对手的利润率很高，那么"你（正在研究）的"公司是否也能实现很高的利润率？为什么？也许竞争对手具有"独特优势"。

这是评估过程的一个重要节点。过了这个节点，有些简单的规则有助于你估算未来的利润率。

利润率分析规则

以下规则对分析利润率有用。

规则1

如果公式显示候选的超级公司具有很高的潜在利润率，并且竞争对手不存在独特优势。由于缺乏综合管理运营能力，实际的利润率将低于潜在利润率。

了解关键人物的背景，特别是首席运营官而不是首席执行官的背景，对判断管理层的运营能力是非常重要的。如果首席运营官有着丰富的成功经验，那么公司没有理由不能实现其潜在的利润率。如果首席运营官过去业绩较差，那么这不是一家超级公司，投资者应该远离。应该根据对首席运营官能力的判断，客观评价公司潜在利润率。

规则 2

如果按照公式，公司具有很高的潜在利润率，但是竞争对手可能具有独特优势，这种优势相当于压低了公式中的行业预期增长率。

太精确是做不到的。如果一个竞争对手拥有重要的独特优势，那么被考察的公司就不是一家超级公司，因为无论未来的增长如何，竞争对手都会领先一步。根据这一逻辑，对于没有优势的公司，行业增长率并不像表面上看起来那么高。通过评估竞争的影响，可以调整潜在利润率。调整完成后，规则1仍然适用。

规则 3

如果公式算出来的潜在利润率较低，则必须额外关注有无独特的优势。如果该公司没有明显的独特优势，它的实际利润率不可能高于潜在利润率，也不可能成为超级公司。

这是大多数工业企业的情况。它的潜在利润率很低，与竞争对手相比没有独特的优势。它可能努力了，但不太可能获得有吸引力的利润率。除非超级运气眷顾了这种公司（也许是一场地震消灭了竞争）。由于它不是超级公司，所以很难控制自己的命运。好运气可以帮它，同样地，坏运气也能更深地伤害它。

规则4

如果按照公式，公司的潜在利润率较低，则必须额外关注独特的优势。如果该公司与竞争对手相比，确实具有明显的独特优势，这相当于行业增长率的提高。

这是最难估算的情况。通常很难估算竞争优势的经济价值。可以问一下管理层的想法，看看他们是否完全基于与过去不同的做法来提高利润率，他们的逻辑在商界讲得通吗？考察评估管理层的基本运营能力和历史，如果他们的排名很靠前，在打折扣之后，可以接受其利润率目标。

打折扣是必要的，因为管理层往往对自己能实现目标很乐观。他们几乎必须如此。这是他们的人生。有的公司漂亮地达成了目标。当我第一次访问纽柯钢铁时，肯·艾弗森并没有取得良好的财务业绩。然而，很明显，他是一个能够将自身优势最大化以实现长期盈利潜力的人。怎样发现这种管理能力，怎样发现这种人，几乎是一门艺术。这好比面对一个年轻的拳击手，怎样知道他有没有两把刷子？能不能成为一把好手？

规则5

如果一家公司多年来都是相同的管理层，利润率很高，但目前利润较低，那么检查一下行业的长期趋势变没变，是变得更好了还是更差了？如果行业状况没有比以前差，利润率很可能会恢复到和以前一样好。给它3年时间让情况变好。

快速成长的年轻公司常常犯错误。最棒的公司会从错误中吸取教训（见第1章和第2章）。如果行业的长期趋势并不比盈利高的时期差，那么管理层（之前已经显示出决心和能力）会再次实现高利润率。

分析利润率时保守一点有好处。这里再次强调，对历史利润率打个折扣是比较谨慎稳妥的做法。

优秀的管理层会在困难中反击并最终胜出。加州微波的年轻管理层1979年在营销方面犯了错误——这给他们的利润曲线造成了明显的坑洼（见第15章）。后来，管理层逐步改变了公司主业。随着时间的推移，利润率虽然没有达到以前的水平，但很显然配得上超级公司的地位了。

没有人是完美的，你也不必是

这五条规则虽然不全面，但构成了估算未来利润率的基础。估算未来的利润率，没人能做到也不需要做到非常完美。这是一门艺术，而不是科学。与适当的估值技术相结合，它能让你持续赚到钱。你不可能预测到1987年某公司的利润率将是5.7%。这么精确是不可能的。但你可以确定的是，从长期来看，某公司的利润率会高于还是低于行业平均水平。那些长期利润率高于平均水平的可能就是超级公司。如果购买时机得当，它们就可能是超级强势股。

了解一家公司未来的利润率接近5%还是10%，这很重要。也许其利润率接近1%。这可以让人发财或亏本。关注长期利润率可以让你忽略短期情况，让你像长期投资者那样思考并成为长期投资者。

任何精明的老板都不会根据一天、一周、一个月、一个季度甚至一年的盈亏，做出是否卖掉公司的决定。成功的投资者关注的是公司很长一段时间的盈利情况。即使确实知道明年的盈利情况会很糟糕，你还是应该把重点放在长远的生意前景上。有人赚大钱，也有人亏大钱，原因就在这里。罗马真的不是一天建成的。

利润率分析的重要性怎么强调都不过分（这个主题很容易占满整本书

的篇幅）。利润率分析对每个行业、每个企业会略有不同，但基本要义是相通的。

　　了解公司的基本业务并探究其独特的优势。利润率分析不能精确得出每个季度的每股利润数字，就像证券分析师做的那样，但利润率分析足以完成判断一家公司是不是超级公司的最后一步。

　　利润率分析也是超级强势股估值过程的第一步。假设你已经认定某家公司是超级公司，你已经研究了它的潜力，你很满意，它符合我们对利润率的要求。你愿意支付什么对价？

　　如果知道某公司是超级公司，将获得不错的长期平均利润率，但不知道以什么价格买入合适，这没啥好处。同样，知道你手上的某公司（也许持有多年了）是一家超级公司，却不知道在什么情况下应该卖出，这也没啥用。

　　下一章介绍的是投资方法论的建立——将利润率分析与对市销率和市研率的研究结合起来。

第四部分

SUPER STOCKS

实　践　论

第 12 章

付诸行动：想办法做到极致

神奇的钥匙在哪里

我们看一下对超级强势股进行分析和估值的过程。许多读者既没时间也没兴趣完成所有的基本步骤，以确保成功。但每一步都是实现整体目标的重要一环。

到现在为止，我们几乎没有讨论过股市大盘（仅在第 6 章中有一段讨论过），我们在本章就进行探讨。股市上涨还是下跌？这往往不重要。重要的是找到超级公司，并以低廉的价格买入——找到超级强势股。超级强势股即使在大熊市中也能涨得很好（见第 14 章威宝公司案例）。

在研究大盘涨跌上投资者花的时间太多了。各种因素搅在一起，导致投资者得出市场涨跌的结论。人们以这个结论为基础来制定投资策略。如果他们认为股市强劲并看涨，就会买入，就会关注哪些股票会在"这轮"上涨中表现得好。如果他们认为股市疲软，他们就会抛售、甚至卖空。这样做实在有点愚蠢。他们不可能一直猜对股市走势。大多数人在大多数时候都是错的。为什么去玩一个要输的游戏呢？你有没有遇到过能一直猜对股市趋势的人？我从来都没听说过谁有这本事。尽管如此，想象一下如果你能做到的话，情况会是什么样子。

设想一下，哪怕就一下，你可以精准预测道指超过 100 点的大幅波动。进一步假设，你在每一次下跌中成功卖空，在每次百点以上的涨势中买入。为便于计算，不考虑税费。

你能挣多少钱？确实，你可以获得很好的回报，但还是比不上超级强势股。表 12-1 列出了截至 1982 年 12 月 31 日的五年内每一次这样的波动，以及你的收益幅度。

表 12-1　截至 1982 年 12 月 31 日的五年内，道指每次百点以上波动的推算结果

波动时段	道指最高点 / 最低点	道指涨 / 跌点数	波动幅度 （%）	含 1 美元本金的 复利终值
1978 年 1 月	n/a*	0	0	1.000
1978 年 3 ～ 9 月	737/917	180	24.4	1.244
1978 年 9 ～ 11 月	917/780	−137	−14.9	1.430
1978 年 11 月～ 1979 年 10 月	780/903	123	15.8	1.656
1979 年 10 月～ 1979 年 11 月	903/795	−108	−12.0	1.854
1979 年 11 月～ 1980 年 2 月	795/918	123	15.5	2.140
1980 年 2 月～ 1980 年 3 月	918/730	−188	−20.5	2.579
1980 年 3 月～ 1980 年 11 月	730/1009	279	38.2	3.564
1980 年 11 月～ 1980 年 12 月	1009/895	−114	−11.3	3.967
1980 年 12 月～ 1981 年 4 月	895/1031	136	15.2	4.570
1981 年 4 月～ 1982 年 8 月	1031/772	−259	−25.1	5.718
1982 年 8 月～ 1982 年 12 月	772/1078	306	39.6	7.984

* 不适合。

不错！五年内你几乎赚了 7 倍——51.5% 的复合回报率。虽然看起来很好，但没人做得到——在这样的"猜谜游戏"中大多数人都是赔的。事实上，你得在 11 轮交易中承担正常的所得税（而不是优惠的长期资本利得税）以及交易佣金，每轮约为 1% ～ 10%（因为交易发生的先后不

同，故折现值不等）。

许多人都以股市预言家而闻名。说大话最终会落个难堪的下场，那些脖子伸得最长的大师往往会被臭鸡蛋打脸。寻找股市密码的游戏远未结束。人们尝试过：①计算机预测；②占星术；③人口统计研究；④太阳黑子周期；⑤经济学；⑥技术分析；⑦茶渣占卦；⑧日落时在风中抛洒干蜥蜴皮；⑨政治分析。

人们尝试了几乎你能想到的任何东西，但没有一个能显灵的（我倒是最喜欢干蜥蜴皮——虽然貌似"诡异"，但至少它有过一次灵魂）。

在最好的情况下，一个人对股市的预测可能有一半是正确的。最坏的情况是，他在大多数时候都预测错了。股市预言家红了几年后，几乎都会自取其辱。

最近，最引人注目的例子可能是乔·格兰维尔。因为非常准确地预测了1979～1981年的市场转折点，格兰维尔吸引了越来越多的信徒，于是他的预测变得更加极端。他一定对自己预测的准确性有超强信心，所以才会如此高调地宣布这些预测。当市场走向和他的预测正相反时，格兰维尔一定会超级痛苦。不要玩赢不了的游戏。你的时间可以用来做更有意义的事。即使你能找到一把神奇钥匙，能解开市场所有的秘密，你的收益也不会高于超级强势股。

人们买的是股票，而不是整个股市。关注股票和它背后的业务，而不是关注股市，收益会好得多。聚焦在有可能的事情上，有可能你会找到并买入超级强势股。有了超级强势股，你就有可能获得和找到了长期渴望的魔法钥匙一样高的回报，并且还能享受资本利得税的优惠。

专注于你能做的事，而不是你不能做的事。更好的做法是利用市场的基本功能——买卖公司的部分所有权。请关注企业，当价格便宜时，就买些好公司的股票。忘掉市场的其他功能吧。

机会极少被贴上标签

一位客户给了我一块小牌子，我把它放在黑板旁边，这样我就能经常看到它。牌子上写着：机会极少被贴上标签。

不论股票还是生活的方方面面，这句话都是对的。如果某样东西被吹得天花乱坠，它就不值钱了。有人想让你买东西，说明有人想卖给你。人尽皆知能赚钱的东西，往往是赔钱的。正如伯纳德·巴鲁克在他的自传中所说，"如果乞丐、鞋童、理发师和美容师都可以告诉你如何致富，你该提醒自己：最危险的幻觉就是相信免费的午餐"。[⊖]

零售商的所有广告都冲你喊"在这里省钱"，其实就是喊你"在这里消费"。人们往往对某人的好运感到惊讶——在别人不想要的时候他能够捡到小宝石。小宝石只能是一块别人不想要的石头，因为别人还没有认识到它是宝石。机会是极少被贴上标签的。

华尔街的好处之一是存在一些标签。问题是在看标签时不要混淆。这些标签并不完美，但很多也不差。我通常集中精力在三种标签中寻找潜在的投资机会：

▶ 在我熟悉的行业中，低市销率和市研率的公司。

▶ 我还不熟悉的亏损公司。

▶ 其他人定性评估的前途远大的优秀企业。

筛选低市销率股票

这是相对容易做到的。首先，准备一台个人电脑，任何一个品牌，苹果、IBM 或其他的都可以。数百万人已经有了电脑，因为电脑可以帮

⊖　Bernard M. Baruch, *My Own Story* (New York: Henry Holt & Company, 1957), p. 258.

助做很多事情。有两个硬盘驱动器会有好处，然后配置调制解调器和通信软件（以 1983 年的价格计算，整套下来总价大概 2000 ~ 4000 美元，具体取决于你所选的产品）。

通过按键电话的线路和调制解调器，计算机可以登录数据库，如《读者文摘》的"源头"数据库。但要确保你使用的数据库能给你提供媒体通用财务数据或类似的服务（我使用"源头"数据库，因为我觉得很方便。你可以从其他地方获得相同的服务）。媒体通用财务数据有一项服务，提供特定行业财务数据的统计查询。

举个例子，你可能对广告代理、水泥行业、商业数据处理计算机或其他方面感兴趣。按提示，输入行业代码，你可以看到整个行业的情况。或者，如果你愿意，你可以只看特定的股票。它们提供 12 个"屏"，看一下第 6 屏，这里包括市销率，它们称之为"市值对收入的百分比"。第6 屏还有许多其他信息，如当前股票价格、市净率，以及许多投资者使用但我故意忽略的信息，如贝塔系数。

如果你愿意，可以使用其他"屏"来收集更有用的信息。例如，第10 屏显示了每家公司最近的年度销售额、利润率、净资产收益率、负债权益比，以及最近一个季度的负债权益比。

你能迅速得到一堆低市销率的股票，作为潜在的超级公司以供斟酌。这些信息可以保存在软盘上备用，还可以使用文字之星进行编辑。这类标准化的文字处理软件使用起来挺方便，本书就是用文字之星写的。如果需要，这些文件可以打印在"真的纸"上。

查看这些数据，从市销率角度挑出值得深入研究的股票。例如，1983 年夏天，我查看了出版业数据，除了三家之外，其他家的市销率都太高，没必要深究。这让我省了很多时间。

个人投资者比大多数专业人士更具优势的一个地方，就是个人电脑的使用。这些数据库按分钟收费，非高峰时段有很大折扣，鼓励在线路最空闲的时候使用。作为业余爱好者，晚上在家，你可以使用这些服务，费用是白天普通商业用户的 1/3 或更低。为了获得低费率，商业用户要么上夜班，要么像我们费雪投资公司这样，配备便携电脑，晚上在家使用电话线登录（目前登录"源头"数据库的最低费率为 1 分钟 10 美分，而工作日要 34 美分）。

收集一份低市销率股票清单，作为候选的超级公司。显然，其中的大多数公司都不够格。你会发现只有少数既是超级公司又是超级强势股。关键要弄清楚是不是超级公司。质量评估是最难啃的骨头（我把计算机搜索到的股票存到"文件夹"中——留待进一步研究）。

探究亏损的公司

为什么要寻找亏损企业？亏损的公司往往得不到华尔街的青睐。只有极少数的宠儿，如生物科技股，能被容忍不断地赔钱。不过它们是例外。

大多数亏损的公司，即使短期亏损，都会遭受市场冷落。每天我都要翻阅《华尔街日报》的《财报摘要》栏目，寻找亏损的公司。我对那些不熟悉的名字特别感兴趣。这么多上市公司，要对大多数都了解几乎是不可能的。每个人都知道大盘股，许多人知道明星股，但没人知道所有的股票。上市公司总数如此之大，以至于很难都了解清楚。多年来，我一直检索《财报摘要》，总有没听过的公司。

我用蓝笔圈出不熟悉的亏损公司，然后把《财报摘要》发给一位同事，她会在标普手册上找到每家公司。对于我列出的每家公司，她都会找张纸上写下公司简介、包括市销率在内的一些简要财务数据。如果市销率大于 0.75，她会把纸扔掉，如果市销率小于 0.75，她会把纸交给我。我要么扔掉它，要么把它放进文件夹里。有些被我扔掉的，是因为不感兴趣，或者对这个行业不太了解。我肯定错过了很多机会（人生苦短，不能在你棘手或不了解的领域花费太多时间。坚持做自己能理解的事情吧）。

查找卓越公司的定性评估报告

这可能比前二者更有用。它可能不会带来可以快速实施的想法（这是我大部分投资决策的来源）。这里找到的信息往往会在几年后，当你学到的东西有了用处时，突然跳出来。随着时间的推移，通过阅读行业期刊、参加产业与投资论坛、与行业人士和华尔街上的人交谈，我知道了"谁在做、做什么事情、在哪里做、为什么要做"。让我重复一遍：谁在做、做什么事情、在哪里做、为什么要做？

这里有个例子：多年来，我听到、看到很多关于微波技术的重要资料，特别是加州微波公司（见第15章）。我从会议和投资圈听到这些。我确信，作为一家潜在的超级公司，加州微波值得仔细考量。我还没有对该公司做过详细的研究。它在1980年遇到小挫折，股价跌了——这就是该睁大眼睛仔细看的时候了。那几年积累资料的过程，让我在使用资料仔细研究之前，就对该公司有了定性的印象。

那些华尔街钟情的公司，你总能听到它们身上的美好故事。正如我们在开头两章了解的，其中许多故事可能是真的。我们也知道，大多数华尔街人对遇到问题的公司置之不理是常态。因此，通过这一定性筛选过程，有可能了解到"谁在做、做什么事情、在哪里做、为什么要做"——然后，也许几年后，有机会以较低的价格投资该公司。阅读行业期刊有助于了解正在发生的事情。广告常常和文章一样有趣，因为广告以一种容易理解的形式描述"谁在做，做什么事情"。从短小有趣的新闻到对特定产品线的深度分析，文章的范围很宽。请把你最感兴趣的部分归档留存。

　　除了自己订阅，我每月还去一趟图书馆，浏览行业期刊。旧金山有家非常好的商业图书馆。它的一个主要分馆位于城市的另一边，里面有许多专业期刊，我根本看不完。这些刊物有助于投资者熟悉该领域的佼佼者。谁生产顶级产品？谁是同行口中的"领头羊"？谁获得了技术或商业大奖？

　　参加投资和产业论坛不仅有助于了解谁在哪里做什么，还可以了解最重要的问题——做得有多好，为什么这么好。证券公司和产业组织赞助投资论坛，业内公司在会上做投资和商业走向的演讲。从这些演讲人和其他与会人员身上可以学到很多东西。你去的时候，多带点"逆向思维"，会上那么多人意见高度一致，你应该请"逆向思维者"给你唱唱反调。⊖考虑一下参加重要的大型活动，例如美国电子协会的春季和秋季会议，因其参会人员规模之大和声望之高而具有传奇色彩。

　　与会者来自行业内和投资界，和两拨人都要聊聊。在会议间隙，和他们聚在一起。一个证券分析师可能是也可能不是一个好的投资者，但他很可能对其跟踪的行业知之甚多。如果你想要具体的信息，或者只是想知道人们对一个行业的看法，向谁了解会更好？评估正在发生的事情，这些人很有用。记住，他们中的许多人对你正在考察的公司，不会有正确的投资结论，这并不能否定他们知之甚多的事实。

　　证券分析师很有趣，因为他们知道得太多了。我从他们身上获得了一些有关"谁在哪些事情上做得好、在哪里做、为什么要做"的信息。我不寻求他们的投资建议。我问他们对甲产品优于乙产品有什么看法。谁制造了最好的双倍密度小部件？某公司是否正在开发一种新的固态小

⊖　"逆向思维者"似乎是密苏里殖民者的精神后代，他们的态度是"眼见为实"。逆向思维者认为，如果大多数人说一只股票应该上涨，它就会下跌，反之亦然。他们相信无论大众怎么想都是错的。虽然这是事实，但通常很难确定大众的想法是什么。

部件？许多优秀的分析师都喜欢这种交流方式。

不过，许多投资者无法接触到分析师——因为分析师的雇主希望他们通过提供重要的经纪业务获得回报。但是，即使你没有足够的经纪业务给分析师，如果你能在合适的会议、贸易展览等场合碰到他们，你也应该去引起他们的注意。大多数分析师都很友好，只要你礼貌地跟他打招呼，他就愿意和你交谈。重要的是以合适的时间和方式接触他们，这样你就不会影响他们繁忙的日程安排。

有些专业投资者可能很懂行。事实上，可能比证券分析师更了解某些行业和领域。找到这些专业投资者有助于建立一个数据库，可以采用逆向思维对该数据库进行分析。请记住，根据前面的讨论，与大众思维反向而行是必要的（但还不够）。要逆众而行，你必须先知道大众的方向。

实业界的人很有趣，因为他们日复一日战斗在第一线。他们生活、吃饭、睡觉、呼吸在自己的行业中。同样，同行中谁做得好，他们非常清楚。与许多投资者和分析师相比，他们往往不那么在乎华尔街对某家公司的态度，因为他们更关注运营层面。在会议上，这些人通常都很友好，愿意交换想法、交流行业的"战争故事"、表达他们的忧虑。尽可能向这些人学习，以后会有回报。

最好的研究设施可以免费使用

线索逐渐收集起来了，有的是通过搜寻低市销率公司得来的。有的是《华尔街日报》上《财报摘要》里名字不熟悉的亏损公司。有的来自对他人想法的定性筛选。哪些想法值得深入研究？哪些想法不必再浪费时间？

现在，该通过最少的工作来确定是否有必要再投入更多的精力了。是时候去图书馆了——这是个很棒的地方，这么多的信息都集中于此，在这里，除了时间，用户无须花费别的成本。这也是讲纪律的时候，务必让两只眼睛盯着球——保持高度专注，别让这个或那个有趣但无用的事绊住脚，别让时间溜走了。我在图书馆看了些花边新闻，但没有经济效益。节省你的时间——你要把时间花在超级公司上。

从标普手册或穆迪手册开始吧。我习惯用标普手册。手册上各家公司的资料很容易消化。通常情况下，你可以马上确定，在某家公司上花更多时间将收效甚微。也许它不符合第 8 章或第 9 章关于超级公司的一项或几项原则。我越早确定对一家公司没兴趣，就能越早把时间转到可能有投资兴趣的公司上。

及时跨出重要的一步

在这点上，我想介绍一个看似离题的概念。这概念对我帮助很大。时间是稀缺的。永远没有足够的时间去做我所有想做的事。我需要所有可能的帮助，来决定把时间花在哪里最好。

一天里能使用的大块时间有多长？每天有 1440 分钟，如果每天睡 8 个小时，你大约有 1000 分钟是醒着的。如果花了一小时在某件事上，相当于你一天的 6% 用掉了：

$$1 个小时 = 60 分钟$$

$$60/1000 = 0.06 = 6\%$$

30 分钟是你一天的 3%，20 分钟是 2%，2 小时（120 分钟）是你一天的 12%。当人们请我吃午饭时，我想知道是否值得花一天的 12% 见他们。可能值、也可能不值。也许在电话上聊 20 分钟就行了（只占一天的

2%）。如果这样，我就能省下一天的 10% 用于更有成效的工作。

如果企业为了点滴节约都可以竭尽所能，那我为什么不应该？我没有大把时间可以浪费。是否可以浪费两个小时，在那些不会进一步研究的有趣的公司和想法上？如果要花掉一天的 12%，我就不会了。我是否有两个小时，在图书馆了解想投资的企业？当然有！我会尽量在筛选过程中节省时间。我想知道的是，需要凭什么来决定一只股票值不值得花费更多的时间。

查找冷僻和不知名出版物的捷径

到这一步，如果仍然对某家公司感兴趣，我会做两件事。首先，找到它的地址，写信索取最新的年度报告、随后的季度报告、美国证交会要求的 10-K 表格和 10-Q 表格以及委托声明书。查阅这些材料要么令我失去兴趣，要么会成为下一步研究的基础。如果它违反了第 8 ～ 11 章的基本原则，就不值得再付出时间和精力，可以把它从有待深入研究的名单中删除。

如果不删除，我会好好利用《F&S 索引》，它是我熟悉的最有用的出版物之一。不过，这本索引在学术界之外并不广为人知。它专注于工商信息，和《期刊文献读者指南》性质类似。你可以在《F&S 索引》上检索到任何一家公司最近一年或一个季度，甚至最近几周的情况，还可以检索到任何普通出版物上有关该公司的一切已发表的资料。《F&S 索引》除了摘录普通来源的信息，如《商业周刊》《电子行业新闻》《激光聚焦》《纸业》《华尔街日报》等几乎所有行业或投资杂志，还摘录极其冷僻、鲜为人知的出版物。它涵盖了国内外许多出版物，使用起来很方便。不过，要想得到冷僻期刊就难了。

我收集相关公司所有的公开信息，还有证券公司的研究报告和新闻报道。经常浏览《华尔街实录》，因为它汇集了出色的评论，反映了华尔街不同人士的想法。除了发表他们的言论，还经常刊登券商研究报告。这些研报可能提供关于上市公司的额外信息。他们的报告为观察华尔街对某只股票的态度提供了有用的视角。我想寻找很少或者没有券商研报的公司，这意味着该股在华尔街还没被广泛推销。

避免来自华尔街的竞争

开始上涨之前，超级公司的股票通常很少受到华尔街的关注（见第 1章和第 2 章），可通过规避华尔街的竞争来降低投资风险。

有多少券商对这只股票撰写评论或研究报告？如果该公司有投资者关系负责人，你可以打电话询问有多少分析师调研过并写了报告，来者都是谁。负责人很容易提供这些信息，因为这会使他们的工作更容易。如果公司没有投资者关系负责人，你可以打给总裁秘书（这是交朋友的好机会，你以后可能需要此人的帮助）。

如果有三五个分析师写过研究报告，那么投资界对这只股票的兴趣适中。如果超过 6 个分析师写过，那么投资界对该公司有巨大兴趣。如果有超过 15 位专业投资人访问过该公司并定期与之保持联系，这个公司将获得投资界的大力支持。

表 12-2 提供了一个大概的（不是硬性的）尺度，是不同规模的超级公司在股票变得炙手可热之前，跟踪它的分析师的人数上限。⊖

⊖ 定性问题无法量化为硬指标。

表 12-2　超级公司的股票被华尔街追捧之前，定期跟踪它的专业人士的最大
数量近似值

收入规模大致数（百万美元）	券商研报大致数量	专业投资人拜访大致次数
0～20	2	5
21～50	3	10
51～100	4	15
100～200	5	20
200～500	8	30
500～1000	20	60

　　表 12-2 基于费雪投资公司的经验。表中的"近似值"只是个参考。它给出了投资界对不同规模公司感兴趣的程度。无论是规模最小的公司还是规模最大的公司，撰写研报数量相对上门调研人次的比例都更高。这有两个原因。小公司的比例高，是因为少数分析师想独辟蹊径，去拜访在股市失宠的小微公司，他们往往热情高涨。如果喜欢上一家规模小、鲜为人知但令人兴奋的公司，他们会定期去拜访。他们也许会非常信任它，以至于愿意多发研报来支持它。

　　当规模成长到大约 5000 万到 2 亿美元之间时，上市公司往往会吸引温和的追随者，他们撰写报告的比例比较少。随着超级公司变得越来越大，规模达到 2 亿到 10 亿美元之间，往往会吸引投资界的支持。越来越多的机构投资者会把它放入投资组合中。

　　你应该希望华尔街对你正在考虑的公司几乎没有兴趣。请注意最大数量的概念。许多公司没有专业投资者（或只有一两个）定期跟踪其活动——从买家的角度看，越少越好。

　　相比之下，一家在投资界备受关注的公司将拥有大量的追随者。当你考察的公司有很多追随者时，不要在它身上浪费时间了。生命太短暂了（如果他们有上面提到的投资者关系负责人，这甚至是个坏信号。他们不应该有足够的需求设立这个岗位）。

访问公司

　　消化了书面资料后，你对目标公司有了相当多的了解。你知道的和你理解的，可能存在差距。列一张问题清单。有些可能是事实，例如在营销组织中，经理和销售人员的数量。其他的问题往往指向管理层的思维方式。列出问题清单至关重要。它迫使你思考可能不知道的事情。"我知道什么，不知道什么？"想到这些问题时，我会随手记下来。之后，会把问题按不同用途分类。

　　附录 A 列出了最常见的问题——都是反复提到的问题。此外，还要针对每个公司专门准备许多具体问题。由于其时间宝贵，问管理层从别的地方容易了解的信息是不合适的（如果对方回答"这在 10-K 表格第几页上"，我会感到很尴尬。在占用管理层的时间之前，我应该已经知道 10-K 表中有什么，没有什么）。准备好有价值的问题清单以后，我准备与公司联系。

　　有时很难说服管理层见你。只要有可能，先设法获取一份高管团队的个人介绍，可以向与之关系密切的人要。我是否与公司董事或者公司的审计师、法律顾问、银行家或投资银行家有联系？通常没有。

　　多年来，我一直试图打电话解释我的意图，希望管理层能见我。但经常过不了秘书这一关。有些秘书认为她的工作就是把老板和外界隔离（也许有些老板也这么想）。她会问我想干什么，我解释给她听。她会告诉我说，她会和某某先生（她的老板）确认一下。

　　几周过去了，没听到回音。我再打一次电话，最后，还是联系到了同一位秘书。她似乎很难想起我——最后说：很抱歉，她的老板和其他关键人员在接下来的几个月里太忙了，没有时间见我。经过不懈努力，我"搭了个梯子"通到管理层，说服他们见我。要搭梯子得先建立熟人链。

我得找人去联系"梯子上的踏板"。我的熟人里有谁认识那些认识管理层的人？也许是他们的客户？或是在他们镇上做生意的熟人？行业会议和投资论坛是个好地方，能见到各种帮得上忙的人。这个过程往往相当复杂，没完没了。有时候我不得不这样做——但不是经常这样做。

踏入公司大门

从此以后，我发现写信更容易。当我想见管理层时，会写信给首席执行官。开头几行会告诉他，我为什么想见他。我表达了投资兴趣，而且我已经努力研究过他的公司。我详细说明我可能有兴趣购买多少股票，然后简单介绍一下自己和自己的公司。我通常会提到一些我投资的公司（以备他通过这些公司来核实我的身份）。我还提供进一步的参考资料。我主动说，如果他认为别人见我更合适，或者他打算出差，那我就见见其他高管（这样，他很难完全拒绝）。

最后，当我抽出时间去他公司总部时，我提供了大约 5 个候选日期。建议他选择最方便的日期和时间。如果这些日期都不合适，建议他另选时间，我会尽量配合。通过这种方式，让他知道此事对我非常重要。然后建议让他的秘书打电话给我，确定日期和具体时间。我提前感谢他肯抽出时间见面。

这些信件获得了大约 95% 的成功回复——对于一封陌生信件，这一比例高得惊人。他的秘书在回复时知道见面的时间，并且回复总是尽可能及时、礼貌、对你有帮助。我强烈建议写这种自我介绍信。

在约定日期，我先回顾一下问题和文件夹中所有的信息。脑子里清晰地记着这些信息，手里拿着我的问题和笔记本，会见预先约见的人。第一次见面很少超过 2 个小时。大部分问题都得到了充分的回答，但还有几个尚不清楚。在未来 24 小时内，新问题出现在脑海中，这是由调研了解的信息引发的。

接触客户、竞争对手、供应商和专业投资人

一个目标是更多地了解业务，另一个目标是了解投资界对公司的看法。终极目标是：听客户、竞争对手和供应商说这家公司很棒，而华尔街对这家公司没啥兴趣。

迄今为止的调研过程，应该发现了该公司业务伙伴或竞争对手的个人姓名。很容易编写一份清单，上面至少包括几个客户、竞争对手和供应商的名字。再向这些人打听标的公司的情况。把这些人的印象综合起来会变得清晰深刻。通常可以电话联系到他们。同样，如果有困难，我会写一封信，说明为什么我想联系他们，并要求给些时间在电话上交谈。大多数人都非常合作，喜欢有人征询他们的意见。

问题合乎逻辑地涌现出来。询问客户是否仅从该公司采购，还是同时向其竞争对手采购。问他为什么要向现在的供应商买东西。询问客户对标的公司的一贯印象。它们的产品服务做得好吗？你还会再向那家公司采购吗？它们如何与对手竞争？你认为它们作为供应商最大的优势和劣势各是什么？随着时间的推移，它们是变得越来越好了还是越来越差了？如果你去管这家公司，你会有什么不同的做法？你如何看待产品正在变化的市场？客户通常喜欢谈论这类问题，因为你在请他谈论自己的生活。别忘了记好笔记以备日后参考。

供应商也是很好的信息来源，尽管有时存在偏见。他们担心不好听的话传到客户耳朵里，影响未来的业务。之所以可能有偏见，是因为大多数供应商往往积极地看待他们的客户（"当然，某某公司正在长大，预

计明年它们从我这儿采购的量是今年的 2 倍"）。不过，从供应商那里还是可以获得有用的信息。

供应商可能愿意比较不同的客户，他们可能会提到向不同的客户各销售了多少。如果他们最近从标的公司获得订单时遇到困难（比如订单被砍掉了），可能会问你知不知道发生了什么事——这是他们与你交谈的重要原因。毕竟，你一直在研究他们的客户。他们只从一个有利的角度看客户，他们会对你更广泛的观点感兴趣。你帮助他们了解客户，就是在帮助他们做生意。

让竞争对手畅所欲言很难。它们为什么要跟你交流？毕竟，你正在考虑投资于它们的竞争对手！谁愿意帮助别人投资竞争对手？会议是解决这个问题的好办法。竞争对手可能正在参加会议，希望陌生人提出商业问题。它希望以最好的方式展现自己。你可以询问竞争对手的业务情况，在讨论过程中，将谈话转到你正在研究的公司。抛出引导性问题，以获得有关"你的"公司的信息。

竞争对手可能会畅谈它们相对于其他公司的"优势"。请仔细听。它们的优势可能是对的。记下来。比较每个竞争者的说法，判断它们是如何持续比高低的。不同竞争者能在多大程度上达成一致？问一下，谁是它们最主要的竞争对手？技术最好的是哪两家？市场营销哪家强？为什么？

假设客户、竞争对手和供应商都强化了你对研究对象属于超级公司的印象。如果华尔街告诉你这是一家不折不扣的烂公司，那就太好了。公司管理层将无所顾虑地告诉你，哪些专业投资人经常在了解公司的情况。他们还将透露谁曾经对该公司感兴趣，但现在似乎不感兴趣了。找出那些曾经对公司感兴趣的人，对比一下，他们的看法，和你的、和那些正在走访公司的人的看法有什么冲突。

将投资界告诉你的信息，与客户、竞争对手和供应商告诉你的信息进行比较。你要特别警惕投资人手上的"过时"信息。这些信息还准确吗？要看出投资人是不是真的知道他们在谈论什么。或者仅仅是对谣言或不良记忆的反应。

该下结论了

再看一次搜集的信息，快速浏览一遍。通过利润率分析来做出最终的判断。能不能基本确定这是一家将快速成长的公司？它能在不稀释股份、不进行外部融资的情况下快速成长吗？长期而言，它应该达到什么样的利润率？要以这样的速度增长，它必须克服哪些问题？哪三个最大的风险可能打乱这一切？

市销率和市研率一定要低，否则我们决不会让调研耗费这么多时间。如果确信这家公司有不错的前景，够格成为超级公司，我仍然要冷静地做价格分析。我做了一个"买前估值——预测"，把得出最终结论需要的所有信息放在一张纸上。在顶部，它显示了股票市场价格和完全稀释的股票数量，以及必须去哪里购买股票（纽约证券交易所、美国证券交易所或者券商柜台——场外交易市场）。接着是市销率和市研率的计算。再下面是结论部分。包括：

1. 什么情况会导致股票下跌？

2. 未来 5 年的销售增长率是什么水平？

3. 未来合理的目标利润率是多少？

4. 未来几年当公司达到这些利润率目标时，市场给予的合理且保守的估值是多少？

5. 换句话说，3～5 年里，这样的估值对应的市盈率大概是多少？

6. 买入我想要的全部股票，需要多少钱，买入后占该公司股份多少比例？

在页面中间，我做了一张曲线图，它显示了我预测的销售额和市值变化。市值预测假设某个时候市销率上升，然后回落，然后再次上升。这让人能看出潜在的多轮扩张与简单增长相比，所得到的结果不一样。尽量保持简单。不考虑未来通过股票发行、新股期权或其他太花哨的方式进行的股权稀释。

某某公司买前估值的预测如图 12-1 所示。

专栏 12-1　某某公司买前估值——预测

当前日期：

购买渠道：

1. 公司拥有 490 万股完全稀释股份，在柜台交易市场报价 12 美元 / 股。市值 5900 万美元。

2. 最近 12 个月销售收入 8400 万美元

市销率 = 0.70　　不错

最近 12 个月研发支出 500 万美元

市研率 = 11.8　　不错

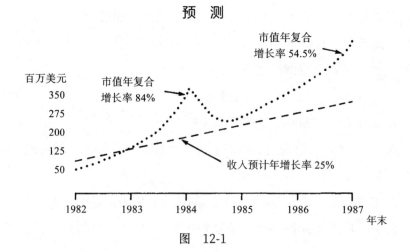

图　12-1

结 论

1. 假设市场出现转折，除非公司在一年内开始盈利，否则股价可能会下跌。

2. 未来 5 年收入很容易按平均 25% 的速度增长。

3. 36 个月之后，公司净利率应该达到 7%。

4. 某个时间点，市值可以达到销售收入的两倍。也许在 1983 ～ 1984 年或者 1987 年出现。

5. 如果净利率达到 7%，市销率是 2，则市盈率是 29。

6. 如果买 100 万美元股票，买的过程中，股价升到 15 美元 / 股，我的平均成本大约在 13.5 美元 / 股。这意味着我买了 74 000 股，或者说总股本的 1.5%。

专栏 12-1 是一份"买前估值——预测"样张。当我画中间的曲线时，我把股票的成本与两个高点进行比较，假定股票满足了我对未来销售收入和市销率的预测。假设股票在图上的时间范围内到达曲线上的高点（这完全是假定的），我可以取这两点来计算预计的回报率。我使用计算器上的"未来价值"键来计算股票的"预计"回报率（至于时间，假设它符合我的预测）。

根据定义，超级强势股需要远超 25% 的长期回报率——希望能更高，也确实能更高。我一定要留出很大的"下跌"空间，所以总是要求最低预测回报率超过 40%。在完成上述全部工作后，如果还是有这个结论，那么是时候该买股票了。下一个顺理成章的问题是，何时卖出股票，这是第 13 章的内容。

全都带回家：什么时候卖

玫瑰何时凋谢

什么时候是卖出超级强势股的"正确"时机？几乎永远没有。下面的情况出现一两条，就该卖了：

▶ 市销率高得离谱。

▶ 失去超级公司的特征。

除非某只股票的价值以一个拿得出手的（即使是不规则的）速度增长，否则持有它就毫无意义。除非股价随时间上涨，否则最好持有市政债券或其他安全资产。如果公司内在质量与时俱损，很少有人认为抛掉股票是不明智的。

如果公司的基本业务不再内生增长，其未来将倍加艰难。习惯于成长环境的管理层，在心理上难以适应缺乏成长的环境。早已失去活力的前成长型股票，充斥在世界各地的投资组合中。当一家好公司变差时，它的股票会快速变差。

要掌握最新动态，应该带着初心定期审视公司。要睁大眼睛挑刺儿——就像做空者那样。基本业务有变化吗？管理层有变化吗？他们是否居功自傲或者故步自封了？市场变了吗？也许不同竞争对手甚至不同行业生产的新产品正在取代老产品。技术变了吗？竞争环境变了吗？也许有重量级新锐进入了这个行业。

人们很难用真正客观的眼光看待手上的股票——近乎不可能。如果一只股票表现不好，人们会用痛苦的眼神打量它。如果一家公司多年来表现很好，而某位投资人赚了 500%、1000%、2000%，甚至更多，那么管理层一定会受到高度肯定。

由于管理层给投资者带来了丰厚的回报，随着时间的推移，投资者把他们想象成了超人。随着成功而慢慢建立的超人形象，很可能今后多年都是对的。随着这个形象越来越牢固，投资人越来越难像初见那般看待他们。当管理层犯错时，也很容易获得投资人的原谅（人无完人嘛）。

请保持客观性。我希望可以说自己在这方面做得很好。实际上却不是。保持客观性是整个投资过程中最困难的事情之一。如果以前的经验告诉我管理层非常有能力，我也会倾向于一直相信他们。我在这方面可不孤单。要知道玫瑰何时凋谢是很困难的。

高处要当心

另一个卖出超级强势股的完美时刻是其市销率高得离谱的时候。将你手上公司的市销率与同等规模公司的进行比较。研究市销率有助于感知多高才算"高"。一只股票以 5 的市销率买卖，相当于一家利润率 10%

的公司以 50 的市盈率买卖（见表 4-1）。一只股票以 10 的市销率买卖，相当于一家利润率 10% 的公司以 100 的市盈率买卖。附录 B 为 1983 年 2 月和 1983 年 5 月的汉鼎证券统计摘要中涵盖的公司其市销率与销售规模的关系（它们使用与表 4-1 相同的格式）。

如此多的公司以 5 倍、10 倍、15 倍、20 倍甚至高达 30 倍（29.67 倍）的销售额出售，令人震惊。一家税后利润率为 10% 的公司，30 的市销率相当于 300 的市盈率。记得 1978 年，最高市销率只有 2.5。这次牛市的变化是巨大的。1982 年 11 月，名单上只有 8 家公司的市销率超过 6，而到 1983 年 5 月变成了 16 家。

对我来说，任何市销率超过 3 的公司都是真正需要担心的。任何市销率超过 5 的公司都是非常可怕的。我无法想象长期持有的股票以 5～30 的市销率在市场上买卖。这只能说是牛市的一种异象。

什么事都比不上美好的长途旅行

如果买对了一只超级强势股，并且其基本面继续显示出能保持高于平均水平的内生增长，而且市销率保持在合理的低水平，我将永远持有它。随着公司的成长，扩大的规模会对股价形成压力，并且公司的市值增长速度与公司规模成长速度大致相同。市销率为 0.6、年销售收入增长率为 25%（或更多）的超级强势股，将产生非常好的回报。如果它的市销率从未超过 0.6，那么它的价值可能会（不规则地）以每年平均 25% 的速度增长——这是超级强势股的最低门槛。5 年后，它的价值可能是初值的 3 倍。这就是复利的作用。10 年后，它的价值可能是初值的 9 倍。20 年后，它的价值可能是初值的 85 倍多。

另一方面，随着投资界对这只超级强势股的兴趣变大，市销率可能会上升。如果它的市销率在 5 年内上升到 3，它的价值将增加 15 倍左右。如果其市销率在 20 年内上升到 3——这是不可能的，因为那时公司的规模将非常庞大，而大公司的市销率较低——那么其价值将是初值的400 倍以上。

那么，为什么会有人出售超级强势股呢？买入后一直持有、赚大钱，不是更好吗？是的，前提是市销率没有涨到太高。请记住，随着公司规模的扩大，市销率面临下行压力（见第 4 章）。我们看到，只有少数几家大公司在销售额达到 10 亿美元级别时，市销率还能超过 1。

对于大多数投资者来说，大公司的投机吸引力远不如那些有着激动人心故事的小公司。每个人都期待 IBM 带来好产品，但很少有人期待如此大的公司会有颠覆性成果。

对一个小公司，人们可以自由地发挥想象力。如果一家公司的收入为 2 亿美元、市销率为 6，那么它的市值为 12 亿美元。当它的收入达到10 亿美元时，它的市值往往不会更高了——可以确定不会提高很多。当该公司实现 20 亿美元的收入时，它的市值可能仍然不高。高市销率可能已经透支了未来几十年大部分（如果不是全部的话）的市值增长空间。这就是为什么当股票的市销率过高时，卖掉股票是合适的。在 10 亿美元的销售水平，我们的超级强势股市销率更可能为 0.75——这与买入时市销率相当。

市销率是高是低与公司规模及其未来前景有关。对于销售额达 10 亿美元的公司来说，3 是非常高的市销率。对于销售额为 300 万美元且爆发性增长就在眼前的公司来说，3 是很低的市销率。大多数超级强势股，市销率在 2 到 5 之间的某个水平就被认为过高了。除了初创公司，很少有公司可以长期保持较高的市销率。选择超高市销率股票的人，早晚会承受较大损失。

卖出之后，你就到达了投资旅程的终点

好了，你现在学会了超级强势股解剖学。重点在于业务的基本面分析（找出业务的独特之处）并以低廉的价格买进。

其余的都是细化与完善。超级强势股应该长期持有，直到其市销率变得过高或它失去了作为超级公司的基本特征。少去关注股市的高低和方向，请更多关注业务细节。请看以下两章的案例。

第 14 章

威宝公司：迪斯科宝贝[⊖]

早期历史

威宝公司的前身信息终端公司 1969 年创立于加利福尼亚州桑尼维尔。1978 年 11 月，更名为威宝。它由 J. 里德·安德森创建，旨在为计算机相关行业制造和销售移动存储介质。安德森是经验丰富的高科技创业老将，是合伙企业安德森 – 雅各布森的创始人，那是一家成功的电子终端制造商。[⊜]

如今，威宝是世界领先的软磁盘制造商，作为永久但可移动的存储介质，用于个人计算机、小型计算机和文字处理机（例如，本书是在一台小型计算机上创作编辑的，使用 5.25 英寸的威宝磁盘来存储信息）。8 英寸磁盘是个更老、增长更慢的市场，3.5 英寸"微型"磁盘的新市场正在迅速发展。

⊖ 作者以"迪斯科宝贝"来形容威宝公司既有活力，又有成长的烦恼。——译者注

⊜ 参见 *Forbes*, January 31, 1983, Appendix 3.

在威宝创立时，软盘技术还没有开发出来。威宝早期的收入主要来自可移动盒式数据磁带。它是计算机级磁带，装在塑料盒中的两个小卷盘上（类似于日常使用的盒式录音磁带）。盒式数据磁带用于储存相对少量的数据，速度慢但成本低。它们用于终端机、销售终端、小型计算机和电信设备。1974 年，数据磁带的销售额占到了威宝总销售额的 95%。⊖

IBM 开发的软盘技术于 1974 年面世。在截至 1978 年 6 月 30 日的一年中，威宝的软盘销售额恰好超过 2200 万美元总销售额的一半。软盘销售增长速度远远快于数据磁带——相当于当年最后 6 个月销售额的 2/3。⊖表 14-1 为截至 1978 年 6 月 30 日威宝公司 5 年销售收入和利润。

表 14-1　截至 1978 年 6 月 30 日威宝公司 5 年销售收入和利润

	1974	1975	1976	1977	1978
销售收入（千美元）	4 327	6 761	12 261	15 462	22 485
净利润（千美元）	390	520	787	887	1 464
每股净利润（美元）	0.18	0.33	0.48	0.52	0.83

资料来源：Prospectus to Verbatim's initial stock offering, February 15, 1978 p. 13.

当时，威宝约占全球数据磁带市场一半的份额以及占软盘市场 1/3 的份额。有了这样的纪录，即使股市低迷威宝上市也不难。威宝于 1978 年 2 月 15 日首次公开发行股票，价格为 17.75 美元。当年股价在 17.75 美元到 29 美元之间。股票首次公开发行后，安德森仍持有超过 30% 的公司股份。他逐步减少参与管理。当时他 62 岁了。总裁兼首席运营官彼得·A. 麦丘恩博士负责日常决策。

⊖　资料来源: Prospectus to Verbatim's initial public stock offering, February 15, 1978, p. 13.

⊖　同上。

1979 年年报的附注暗示了公司潜在的问题。第 4 季度利润受到标准 8 英寸磁盘产品生产效率低下的影响。尽管如此，投资界对威宝公司的看法仍然乐观。例如，威宝股票发行的联合承销商汉鼎证券 1979 年 9 月 5 日发布了一份 14 页的报告，推荐购买该股票。从长期来看，它的建议是有利可图的——但短期则不然。

在经历持续 7 年没有业绩"下跌"季度的好年景后，威宝在上市后第 2 个季度遭遇了挫折。它们对生产软盘的过程失去了控制。它们在没有进行充分测试的情况下，更换了磁盘内衬材料。新的内衬吸收了太多润滑剂，导致软盘不能工作。磁盘上化学涂层的改变也导致产品寿命缩短。

质量问题最初浮出水面是在 1979 年 6 月，当时有少量磁盘因质量差被退货。一直到 12 月不良品还在增加，但公司还没有警觉。1980 年春问题达到了顶峰，直到 1980 年 12 月，这些问题才被发现并得以纠正。⊖

问题主要出现在 8 英寸磁盘生产线，市场份额从 45% 下降到 15%。不良品被要求召回，销售额下降了。5.25 英寸磁盘市场仍在兴起，受影响较小。此外，在 1980 财年初期，威宝核销了在刚性（温切斯特型的、非柔性的）磁盘介质方面的主要开发投入。⊜1980 财年第 4 季度（截止到 1980 年 6 月 30 日），它们披露了上市后的首次亏损。

总裁离职

麦丘恩被免去了总裁职务。⊜局面失控，比 1980 年年报描述的更糟。管理层没有看到问题的严重性，因为对问题的讨论已经平缓下来。股价

⊖ 1981 年 1 月 27 日与威宝财务副总裁威利·卡特的讨论。

⊜ *Forbes*, January 31, 1983, p. 47.

⊜ *The Wall Street Journal*, January 13, 1981, p. 18.

从 1979 年的高点 29 美元逐步下跌至 1980 年中期的 10 美元以下。

亏损在继续。随着产量的下降，产品销售成本的绝对值和占销售额的百分比都在上升。在截至 1980 年 12 月 31 日的季度中，公司披露的销售额为 11 316 000 美元，亏损 1 203 000 美元。损失包括超过 150 万美元的存货减记。雇员人数已从 1538 人减少到 1242 人。[⊖]专栏 14-1 显示了威宝公司 1981 年年度报告的内封，该报告给出了季度业绩。亏损、减记和股价下跌激起了我的好奇心。表 14-2 为财务报告摘要，图 14-1 和图 14-2 分别为 1980 年及 1981 年各季度销售收入和净利润。

专栏 14-1

表 14-2　财务报告摘要

	1981 年	1980 年
销售收入（美元）	53 822 000	50 126 000
净利润（美元）	1 014 000	1 338 000
每股净利润（美元）	45	61
股东权益（美元）	16 072 000	14 227 000
营运资本（美元）	11 085 000	13 208 000
总资产（美元）	39 148 000	36 124 000
年末时发行在外的股份	2 211 368	2 133 664

公司概况

威宝公司制造和销售可移动的磁性数据存储介质。大量的计算机和文字处理系统用它来记录和存储数字信息。本产品是通过全球范围的分销网络直接销售到加工厂商。柔性磁盘、数据盒和卡式磁带由威宝公司在加利福尼亚州森尼韦尔·爱尔兰利默里克、日本东京和澳大利亚墨尔本等地的生产基地制造。这些生产基地和分布在美国、瑞士、德国、日本和澳大利亚的销售办事处一起，把威宝的高品质磁性介质送到世界各地客户的手中。

⊖　摘自威宝公司 1980 年第 2 季度报表。

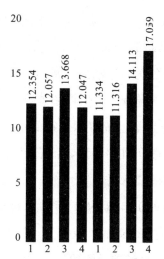

图 14-1　1980 年及 1981 年各季度销售收入（单位：千美元）

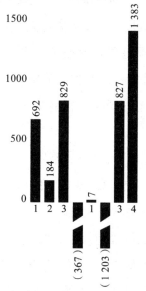

图 14-2　1980 年及 1981 年各季度净利润（单位：千美元）

一个竞争对手

与此同时，在威宝开始出问题的时候，大胜公司以最佳时机进入软盘市场。大胜自称定位于高端市场，并受益于那些被威宝的质量问题吓跑的客户。这是一项高超的公关工作，大胜把自己宣传成技术领导者。它们通过头部风险投资公司与华尔街紧密相连，人们（迅速并急切地）发出呼声，称大胜是技术领导者，不久将超越威宝。

华尔街不再支持威宝了。威宝的承销商汉鼎证券刚在几个月前推荐这只股票，现在，股票跌了几个星期，他们写道："我们认为在问题得到解决之前，这只股票将继续承压。"

汉鼎下调了威宝1980年和1981年的销售额及利润预测。[一]我发现没有其他机构写关于威宝的文章。威宝公司当时告诉我，它们只听说另外一家公司（格伦塔尔）写过这只股票。[二]

当被问及如何扭转威宝的情况时，华尔街人士回答说，"即使威宝扭转了，那又能怎么样？从长远来看大胜还是会蚕食它的市场份额"。而大胜呢？华尔街声称大胜拥有更好的技术、更好的管理和更好的产品。最重要的问题是："从长远来看，大胜会对威宝产生什么影响？"当时，我请独立顾问对大胜和威宝的磁盘进行随机生命周期测试。结果表明，质量并无明显差异。

大胜总股本1360万股，每股价格为17美元，市值是2.31亿美元。但销售额只有7100万美元，这意味着它的市销率是3.26——大约是威宝的7.5倍，显然大胜更受华尔街宠爱。

由于大胜在华尔街如此受追捧，我对大胜具有优势的说法表示怀疑。许多投资者都是立场决定脑袋，相信大胜有优势——不管是真是假。

我在投资论坛上见过大胜的创始人兼总裁诺姆·戴恩。其他场合也见过他好几次。在简短的交流中，我怀疑他是否在认真听我说话——感

[一] 汉鼎证券内部备忘录，1980年7月21日。
[二] 访谈威利·卡特笔记，1981年1月27日。

觉他太像作秀了。管理者必须是个善于倾听的人，才能从下属提供的信息中获益。我怀疑大胜不像华尔街想象的那么好。这条街上从众行为、羊群效应太强大了。

　　直到1981年初，都没有人推荐威宝股票。汉鼎证券后来称之为"适合于愿意忽略这段不确定时期的风险偏好型投资人"，结果是"低于我们的预期"。[⊖]

　　非正式场合，有人会把威宝说得更糟。当我与投资人士随意交谈时，各种消息来源告诉我：

- ▶ 威宝的管理很差。
- ▶ 诚信有问题。
- ▶ 大胜将进一步拿走威宝很大市场份额。
- ▶ 威宝会被更强的公司（大胜、3M、IBM、西迪斯还有日本厂家）挤出软盘行业。

　　诚信问题很有趣。几位消息人士表示，他们认为威宝的财务副总裁卡特在问题暴露时误导了他们。一名分析师显然将他对股票的不满与他对卡特性格的看法混为一谈，他对卡特进行人身攻击（包括外表和举止）。经过自己后来与卡特的交流，我发现这完全是毫无根据的（回看第2章，可以了解这背后的心理原因）。[⊖]人们怀疑最早发生问题的时间和1978年股票发行有关。有些人暗示，管理层可能在发行前就知道这些问题，从这个意义上说，他们欺骗了公众。

⊖　汉鼎证券研报，1980年10月23日。它的下一份研报使用了几乎完全相同的措辞，发表于1981年2月2日。

⊖　与某证券分析师的私人交流。在与卡特往来的几年里，我发现他对待问题是非常坦诚和开放的。

我与 20 多位专业投资人就威宝公司进行了有意或无意的交流。在每一次交流中,我表现得对事实一无所知(在很大程度上确实如此)。

专栏 14-2 威宝公司任命罗克韦尔的诺思拉普为新的首席执行官

《华尔街日报》记者 于加利福尼亚州桑尼维尔报道

威宝公司任命罗克韦尔国际公司电子设备部执行副总裁马尔科姆·B.诺思拉普为总裁兼首席执行官,自 1 月 21 日起生效。

现年 41 岁的诺思拉普先生将接替 J.里德·安德森。安德森是这家磁性数据存储产品公司的创始人,目前仍是该公司的主席。安德森于去年 7 月兼任总裁,当时彼得·A.麦丘恩因公司经营出现问题而被解雇。在截至 9 月 30 日的第 1 个财务季度,威宝的净利润为 7000 美元(而去年同期的净利润为 692 000 美元),即每股 31 美分。

我一直保存着 1979 年以来威宝的标准财务报告和新闻通稿,但没去拜访他们。我觉得没有什么特别的理由要急着去。1981 年 1 月《华尔街日报》和《电子行业新闻》(见专栏 14-2 和专栏 14-3)的文章迅速改变了这一切。威宝引进了一位新总裁兼首席执行官——来自罗克韦尔电子设备部门的马尔科姆·诺思拉普。我不知道他的优点是什么,但至少这个信号表明,威宝可能不是一只沉睡的狗(见第 10 章)。如果此人能给投资界留下深刻印象,事情可能很快起变化。于是,我立即开工。

在迅速与磁盘制造商及买家面谈之后,我安排了 1981 年 1 月 19 日初次拜访威宝公司。我与营销和研发负责人见了面,并与他们简短交谈。大部分时间都和财务副总裁卡特在一起。

专栏14-3 诺思拉普离开罗克韦尔入职威宝

作者：丹尼·摩西尔 于加利福尼亚州阿纳海姆报道

罗克韦尔电子设备部执行副总裁马尔科姆·B.诺思拉普在该公司服务18年后辞职，成为北加利福尼亚州一家磁盘制造商的总裁。

从本周开始，诺思拉普先生将在加利福尼亚州桑尼维尔的威宝公司担任总裁兼首席执行官。

在罗克韦尔，诺思拉普先生卸任了他已经担任14个月的职位。诺思拉普先生与电子设备部门总裁霍华德·D.沃尔拉思一起工作，帮助经营这家年销售额超过2亿美元且约有4100名员工的部门。

诺思拉普先生声称，罗克韦尔的那个部门自1978年以来一直盈利，该部门生产微处理器和相关电路、磁泡存储器、微型计算机系统和互联系统。

诺思拉普先生的职责包括日常运营管理在西海岸的电子设备部门——公司大部分微处理器和相关部件在此制造。部门总部和总裁沃尔拉思先生在达拉斯。

诺思拉普先生说："担任威宝首席执行官这样的机会并不经常出现……确实如此。这出乎我的预料。我考虑了很久。威宝是一家好公司……这是所有职业经理人的梦想——成为首席执行官。"

诺思拉普说，他并非对罗克韦尔不满意，对他在老东家晋升受阻的报道嗤之以鼻。

"我在罗克韦尔从来没有（那个）问题。我有机会经营一家上市公司，它和我现在经营的公司一样大，但难度不一样。"他补充说，"罗克韦尔令我愉快。"

诺思拉普先生说，他预料至少目前罗克韦尔不会安排人接他的班，沃尔拉思先生将承担他的职责。

诺思拉普先生帮助经营的罗克韦尔电子设备部门已经同意作为摩托罗拉生产 68000 16 位微处理器的第二供应商。罗克韦尔原本计划在去年夏天开始对 68000 送样，但错过了日期（6 月 30 日星期三）。最新报告说，电子设备部门预计在本季度对 68000 送样。

被问及 68000 的延迟送样是不是他离开的原因之一，诺思拉普先生说："毫不相干。很快，我们就能为 68000 供货了。我认为就在这个范围内（第 1 季度送样）。"

最近几个月好几位经理离开了电子设备部门，诺思拉普先生是其中最后一位。早些时候，几位销售经理离职了（披露日期：8 月 11 日、9 月 22 日）。当被问及他的离开是否与他们有关时，诺思拉普说："毫无关联。"

也是在最近几个月，曾任电子设备部门微电子设备部总经理的查尔斯·V. 科瓦奇被任命为电子设备部门的营销副总裁（8 月 18 日生效）。当被问及查尔斯在内部调任一个关键管理职位是否与他离开有关时，诺思拉普先生说："我与查尔斯·V. 科瓦奇从未发生过冲突。他是一位杰出的营销负责人，是我提出通过集中营销来支持公司扩张的。"

一位熟悉诺思拉普先生的人士指出："有趣的是，他正在从磁泡存储器制造商转向软盘制造商。这应该说明了一些问题。"

加入威宝后，诺思拉普先生将从创始人 J. 里德·安德森手中接过职务，而安德森仍然保留主席一职。诺思拉普先生在提到自己的外围设备和半导体背景时说，他在过去 5 年里一直从事半导体行业，但之前从事通信和计算机行业，包括设计磁带和磁盘驱动器。

资料来源：*Electronics News*, January 19, 1981.

我访谈了新总裁履新之前的下属、供应商、用户，甚至和他解雇的人交谈过。形成几点印象：

- 新总裁（还没到任）有着良好的纪录。并不是每个人都喜欢他，但即使那些不喜欢他的人，也很尊重他。
- 失望的投资者对新总裁的出现毫不在意。他们仍然沉浸在失望中。
- 在不中断经营活动的前提下，威宝的财务底子还能支撑进一步的损失。
- 威宝占有 5.25 英寸软盘 35% 的市场份额（很高了），这个市场被广泛预测是电子行业增速最快的部分。它们剩余的业务将没有增长或温和增长（8 英寸磁盘温和增长；数据磁带和磁带盒没有增长）。
- 威宝很早就关注营销机制在未来几年将如何变化。它们为这一天做了准备：分销渠道将不再由产品制造商控制，而更多由大型零售连锁店和专营分销店控制。

威宝特别恼火的是大胜的好运，它在威宝开始出现质量问题时进入了市场。卡特非常自豪地告诉我，威宝从大胜手中夺回了苹果电脑的订单。

1981 年，受 5.25 英寸小型磁盘的影响，软盘市场增长加速了。[一]个人计算机和小型计算机系统刚刚开始对市场产生真正的影响。这肯定利好威宝。另一方面，看一下威宝截至 1981 年初的股价曲线和 1981 年第 2 季度报告（截至 1980 年 12 月 31 日）中的页面（参见图 14-3 和专栏 14-4）。

公司的财务状况很重要。威宝有很好的流动比率，高达 2.1。[二]该季度亏损 120 万美元，而股东权益为 1300 万美元：按照这个亏损速度，至少还可以维持 10 个季度。这家公司有时间振作起来。它的现金流是

[一] *Chemical Week*, February 9, 1983, p. 38.

[二] 流动比率可以方便地从资产负债表中得到，流动资产除以流动负债等于流动比率。多数投资者使用的标准是流动比率应大于 2.0。与其他金融问题一样，总会有例外。

正的。作为一家电子公司，巨额折旧费用为威宝提供了强劲的现金流。1980 财年，虽然利润仅为 130 万美元，但折旧产生的现金达到 200 万美元，改善了资产负债表的流动性。⊖

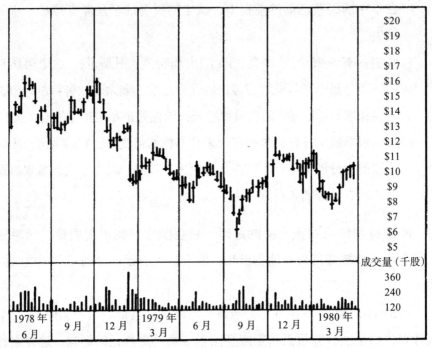

图 14-3　威宝公司

资料来源：Long Term Values, Robert M. Drislane 11915 La Grange Avenue, Los Angeles, CA 90025. A division of William O'Neil & Co. Incorporated.

市场份额很重要。在 5.25 英寸磁盘市场，没有任何公司能达到威宝市场份额的一半。由于质量问题，威宝在 8 英寸磁盘市场份额下降了，但仍以 15% 的比例与 IBM 并列第一。⊜这家公司的绝对市场份额和相对市场份额都很高，很明显，这家公司很容易被卖掉——如果问题不解决

⊖　威宝公司 1981 年第 2 季度股东报告和 1980 年年度报告。

⊜　威宝公司卡特 1981 年 1 月 27 日的谈话记录。

的话。但因为拥有如此高的份额，它们应该能够自己解决问题（参见第10章，关于市场份额）。

专栏14-4　财务季报摘要

本季度我们从惠普公司得到了一份微型卡式磁带的大合同。同时还收到了来自苹果公司、拉尼尔商用设备公司和坦迪公司的微型磁盘重要订单。此外，我非常高兴地报告，我们的数据生命系列产品（在上季度的财报中提到过）已经在市场上获得了热烈的欢迎。最新进展是被施乐公司选入了它的专卖店系统。

从去年7月开始，我们大范围地寻觅新的总裁和首席执行官。我们非常幸运地获得了最佳人选——马尔科姆接受了我们的邀约，他将在1月21日正式加入威宝。马尔科姆是一位经验丰富的专家，他将为公司的未来、员工素质和产品质量的提升、盈利能力的提高、产品销售状况和客户服务的改善做出重要的贡献。在上一季度，我们通过引进在软盘记录领域有着20年工作经验的比尔·布洛克，大大强化了我们的技术团队。

为了威宝的长远发展，1月8日在北卡罗来纳州夏洛特附近的大学研究园区，公司购买了38英亩土地。我们计划在3年内，在此建设加利福尼亚州以外的第一个磁带涂层和制造基地。

有关威宝及其人事的更多信息……

我们的新总裁和首席执行官马尔科姆·诺思拉普将使威宝对本行业有更深刻的认识和了解。在过去的18年里，马尔科姆一直在罗克韦尔国际公司工作，大部分时间担任电子设备部门（这是一个主要涉及跨国业务的部门）的执行副总裁。早期，他还担任过电脑外设和通信部门的工程管理职位以及半导体和电子元器件业务的综合管理职位。马尔科姆在南卫理公会大学获得物理学学士学位，他在安培公司开始职业生涯时，是一名磁盘和磁带驱动器设计师。

乔治·W.（比尔）布洛克博士加入了威宝公司，担任先进技术部门高管。比尔是伊利诺伊大学应用力学专业的博士，他将指导我们的工程技术团队，为威宝的产品改进和新产品开发提供技术支撑。在加入威宝之前，他在 IBM 公司工作了 20 年，主要从事磁盘和磁带驱动器的开发，并获得了 17 项专利。比尔的专业技术和能力将有助于我们处于行业的技术最前沿。

> 诚挚的
>
> J. 里德·安德森
>
> 董事会主席
>
> 1981 年 1 月 26 日

致股东们：

威宝第 2 季度的净销售额为 11 316 000 美元，比上年同期减少 6%。当我们预期的销售增长被美国和欧洲的经济衰退拖累时，微型磁盘和微型卡式产品的销售量仍比去年同期增加了，同时我们各种产品的新订单也是增长的。

销售收入减少，运营成本增加，再加上一个重大的存货核销决定，导致这个季度公司亏损 1 203 000 美元。在对我们的存货进行彻底评估后，我们得出结论：有些物料不能满足过去几个月里我们一直在交付的高质量产品的要求。为此我们核销了价值超过 1 500 000 美元的存货，以确保将来的利润不会受到影响。在这个季度，我们还采取了一些措施来减少固定的和可变的成本，这将会使我们在本财年的下半年获益。截至 12 月末，威宝在全球的员工人数为 1242 人，而 1979 年年末为 1538 人，（本季度）持续了从上季度开始的提升人均销售额的势头。

11 月，威宝澳大利亚公司在墨尔本附近的生产基地投产。正巧第八届世界计算机大会也在墨尔本举办。在这次会议上，威宝重点展示了"数据生命"磁盘产品。威宝数据生命产品的展出和澳大利亚生产基地的投产，受到了澳大利亚分销商、代理商和顾客的热烈欢迎。墨尔本基地的准时投产要感谢所有参与建厂工作的威宝员工。表 14-3 为威宝公司及其子公司合并利润表（未经审计），表 14-4 为合并资产负债表摘要（未经审计）。

表 14-3 威宝公司及其子公司合并利润表（未经审计）（单位：美元）

	1980 年 12 月 31 日前 3 个月	1979 年 12 月 31 日前 3 个月	1980 年 12 月 31 日前 6 个月	1979 年 12 月 31 日前 6 个月
销售收入	11 316 000	12 057 000	22 650 000	24 411 000
成本和费用				
销售成本	10 308 000	8 724 000	18 639 000	16 713 000
研究和开发费用	519 000	592 000	968 000	1 146 000
销售和管理费用	2 270 000	2 053 000	4 464 000	4 366 000
已终止的产品开发项目		203 000	—	260 000
利息	445 000	216 000	794 000	289 000
成本和费用合计	13 542 000	11 788 000	24 865 000	22 774 000
税前利润（亏损）	(2 226 000)	269 000	(2 215 000)	1 637 000
备付所得税	(1 023 000)	85 000	(1 019 000)	761 000
净利润（亏损）	(1 203 000)	184 000	(1 196 000)	876.000
每股净利润（亏损）	(0.56)	0.08	(0.56)	0.40

注：按照准则 I AS No.34 利息资本化，将增加截至 1979 年 12 月 31 日的 3 个月的净利润和每股净利润，分别为 47 000 美元和 0.02 美元；以及增加截至 1979 年 12 月 31 日的 6 个月的净利润和每股净利润，分别为 73 000 美元和 0.04 美元。

表 14-4 合并资产负债表摘要（未经审计）（单位：美元）

	1980 年 12 月 31 日	1979 年 12 月 31 日
流动资产总额	18 994 000	18 429 000
流动负债总额	9 171 000	11 079 000
营运资本	9 823 000	7 350 000
总资产	36 136 000	30 244 000
长期负债（扣除流动部分）	11 744 000	4 458 000
股东权益	13 256 000	13 567 000
发行在外的股份	2 160 000	2 112 000

由于存在重大问题，威宝在质量控制方面变得极其谨慎。出货前，要求对每个磁盘进行百分之百的检验（用磁盘行业术语是"测试"）。这增加了成本和损失，但质量提高也改变了威宝长期以来质量差的形象。随着质量提高，订单也增加了。

在我访问该公司之前——或者说，在马尔科姆·诺思拉普开始担任总裁之前，生产问题就已经解决了。J. 里德·安德森做了这件吃力不讨好的工作。随着生产流程理顺，产量上升，公司的经营业绩肯定能得到改善。

我的结论是，威宝显然是一家超级公司——典型的碰到了成长挫折的超级公司。该公司拥有强大的最高管理层，他们具备促进和保持公司增长所需的一切特质（见第 8 章），在一个快速增长的市场中拥有较高的绝对市场份额和相对市场份额，以及出色的营销技能。但是它的股票怎么样呢？

股票和市销率

看一下它的市销率。威宝首次公开发行股票价格为 17.75 美元，市销率为 1.70。在 1981 年股价达到 29 美元的峰值，它的市销率为 2.71。在 1980 年仲夏的股价低点，公司销售额上升而股价下跌，市销率为 0.43（210 万股乘以每股 10 美元除以 1980 财年的销售额 5010 万美元）。1981 年 1 月，市销率升高了一点点。在股价为 10 美元时，威宝的市研率为 10.4（市场价值除以年度研发费用）。

冒险

如果大胜的表现不是非常好，其股价将从市销率 3.25 的高峰跌下来。如果威宝仅仅能够勉强活着，一家头部的"玩家"型公司可能会以 10 倍的研发成本或者说一半的销售额来收购它。由于存在产品质量问题，股价风险反而并不大。专栏 14-5 是我在 1981 年 2 月为威宝做的"买前估值——预测"。图中有关于该公司的所有相关结论，我需要从中得出最终的结论——买入。

接下来的几个月，我购买了略多于 22 000 股，仅占威宝已发行股票总数的 1% 多一点（稍后我会以略高的价格继续购买 12 000 股）。随着我的买入，股票上涨了——这通常是个好兆头（说明没人抛售），价格在每股 12 ～ 17 美元。

剩下的纯粹是欣喜若狂。威宝的股价仅在两年内就增长了 10 ～ 15 倍，第 1 年就涨了 175% ～ 290%，而这一年股市遭受了重创。表 14-5 显示了《罗森电子通信》包括的 100 只电子类股票 1981 年的状况。有 72 只下跌，在上涨的 28 只中，威宝位居榜首。

当人们开始看到经营好转的明显结果时，股票上升的第一个阶段开始了。威宝的盈利在 1981 财年第 3 季度和第 4 季度反弹，订单稳步增长。[⊖]1981 财年第 4 季度，每股盈利 61 美分，年化为 2.44 美元。在每股 15 美元价位，市盈率仅为 6（15 美元 /2.44 美元 = 6.2）。

威宝公司买前估值的预测如图 14-4 所示。

专栏 14-5　威宝公司买前估值——预测

日期：1981 年 2 月 15 日

购买渠道：

柜台：汉鼎、高盛、普惠、贝特曼·艾克勒·希尔·理查兹、迪安·维特·雷诺兹、基德·皮博迪、美林

1. 威宝有 216 万股股票，每股价格 13.5 美元。市值 = 2900 万美元。

2. 最近 12 个月销售收入 = 4800 万美元

市销率 = 0.60　　不错

⊖ 1981 年威宝公司年度报告，第 1 页。

最近 12 个月研发费用 = 213.2 万美元

市研率 = 13.6——勉强算不错

结 论

1. 如果进一步减计，股价可能会下跌。如果下季度亏损从现在水平扩大，股价可能会下跌。

2. 后面 5 年销售收入很容易按平均每年 25% 的速度增长。

3. 36 个月之后威宝应该达到 7.5% 的净利率。

预 测

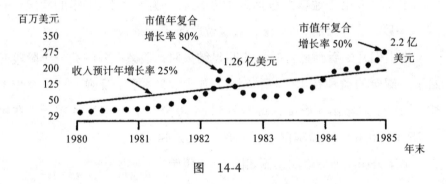

图 14-4

4. 这只股票早晚会以 1.5 的市销率成交。可能发生在 1983 ～ 1984 年，也可能在 1985 年。

5. 如果威宝实现 7.5% 的净利率，并获得较高的市销率，假设是 1.5，它的市盈率将为 20——还算合理。

6. 如果我买 50 万美元的股票，买的过程中股价涨到了 18 美元，我的平均成本大约是 15.75 美元 / 股。这意味着我将拥有 31 700 股，占总股本的 1.47%。

注："买前估值———预测"依照费雪投资公司标准流程。

表 14-5　1981 年全年罗森 100 股票表现，按涨幅排序

序号	公司	1980 年 12 月 31 日 （美元）	1981 年 12 月 31 日 （美元）	1981 年涨幅 （%）
1	威宝	17.00	46.75	175.00
2	MCI 通讯	13.25	34.00	156.60
3	坦登	16.00	28.50	78.12
4	北方电讯	28.75	48.50	68.69
5	尤尼特德	19.50	30.50	56.41
6	计算机与通信技术	16.00	25.00	56.25
7	科学亚特兰大	18.62	27.00	44.96
8	通用仪器	31.00	44.25	42.74
9	智能系统	16.00	22.50	40.62
10	约翰逊 EF	17.50	24.00	37.14
11	坦迪	24.68	33.75	36.70
12	大胜	13.50	18.37	36.11
13	通讯工业	25.00	33.00	32.00
14	通讯卫星	48.12	63.50	31.94
15	CTS	22.00	28.75	30.68
16	贝克曼仪器	36.87	46.00	24.74
17	杜科蒙	20.41	24.12	18.16
18	通用电话电子	27.25	32.00	17.43
19	加州微波	10.50	12.12	15.47
20	索尼	15.50	17.50	12.90
21	英特泰克	22.50	24.62	9.44
22	京都陶瓷	31.25	34.12	9.20
23	特拉科	24.83	26.87	8.22
24	瓦里安	28.12	30.25	7.55
25	矽尼克斯	20.00	21.25	6.25
26	阿尔法工业	26.62	28.00	5.16
27	阿凡泰	16.25	17.00	4.61
28	E 系统	50.00	50.12	0.24
29	安富利	46.36	46.12	-0.51
30	ITT	30.00	29.75	-0.83
31	安普	51.87	50.87	-1.92
32	黑泽汀	27.75	26.50	-4.50
33	奥格特	27.16	25.25	-7.05

（续）

序号	公司	1980 年 12 月 31 日（美元）	1981 年 12 月 31 日（美元）	1981 年涨幅（%）
34	超视野	3.50	3.25	-7.14
35	戴纳斯康	7.28	6.75	-7.29
36	柯摩多尔	49.75	46.00	-7.53
37	德雷克斯勒	12.50	11.50	-8.00
38	泰克	61.12	55.00	-10.02
39	美国微系统公司	29.25	26.00	-11.11
40	惠普公司	44.75	39.62	-11.45
41	康宁玻璃	59.62	51.87	-12.99
42	科尔莫根	24.83	21.37	-13.92
43	福禄克	23.57	19.25	-18.32
44	计算机视觉	40.25	32.50	-19.25
45	安络杰	32.00	25.75	-19.53
46	摩托罗拉	73.00	57.75	-20.89
47	哈里斯	52.12	41.12	-21.10
48	镁可	32.12	25.25	-21.40
49	瓦罗	10.25	8.00	-21.95
50	珀金埃尔默	34.75	27.00	-22.30
51	艾睿电子	20.62	16.00	-22.42
52	劳拉	43.25	33.50	-22.54
53	维希国际技术	12.85	9.87	-23.19
54	缤特力	21.75	16.25	-25.28
55	先锋标准电气	16.50	12.25	-25.75
56	桑德斯联合企业	62.50	45.87	-26.60
57	丽晶电子	14.50	10.62	-26.72
58	沃特金斯 - 约翰逊	40.00	29.00	-27.50
59	泰瑞达	48.37	35.00	-27.64
60	怀尔实验室	11.25	8.12	-27.77
61	能量转换设备	16.75	11.75	-29.85
62	安瑟姆电子	19.50	13.50	-30.76
63	罗尔姆	46.75	32.00	-31.55
64	雷神	55.00	37.37	-32.04
65	西部数据	9.87	6.62	-32.91
66	樱桃电气	16.50	11.00	-33.33
67	德州仪器	120.75	80.50	-33.33

（续）

序号	公司	1980 年 12 月 31 日 （美元）	1981 年 12 月 31 日 （美元）	1981 年涨幅 （%）
68	国际整流器	18.75	12.37	−34.00
69	苹果电脑	34.12	22.12	−35.16
70	硅系统	11.00	6.87	−37.50
71	美国无线电公司	29.37	18.25	−37.87
72	亚德诺	28.20	17.50	−37.94
73	SEE 技术	23.18	14.25	−38.52
74	卡多系统	25.00	14.75	−41.00
75	科磊	32.00	18.50	−42.18
76	通用无线电	24.00	13.87	−42.18
77	标准微系统	10.87	6.25	−42.52
78	真力时无线电	19.50	11.12	−42.94
79	英特尔	40.25	22.50	−44.09
80	GCA	51.16	27.37	−46.49
81	韦夫特克	19.50	10.25	−47.43
82	维易科	27.41	14.25	−48.02
83	相干公司	29.50	15.25	−48.30
84	超威半导体	34.50	17.62	−48.91
85	应用材料	27.66	14.00	−49.38
86	尼科莱特仪器	21.62	10.75	−50.28
87	芬尼根	15.62	7.50	−52.00
88	国家半导体	40.25	19.12	−52.48
89	材料研究	33.93	15.75	−53.59
90	马歇尔工业	23.57	10.87	−53.86
91	依科电子工程	16.62	7.62	−54.13
92	AVX	30.50	13.87	−54.50
93	克雷多斯	20.25	9.00	−55.55
94	微掩膜	17.00	7.50	−55.88
95	E-H 国际	5.25	2.12	−59.52
96	光谱物理	53.75	21.25	−60.46
97	哈维集团	7.75	3.00	−61.29
98	库力索法工业	32.00	12.25	−61.71
99	固态科学	19.25	6.50	−66.23
100	阈值技术	18.75	3.75	−80.00

资料来源：Reprinted with permission from *RELease 1.0*, formerly *The Rosen Electronics Letter*, January 15, 1982.

打盹的竞争对手醒过来了

整条华尔街完全睡着了。极少数稍稍留意威宝的，比如汉鼎证券，对它的出色表现感到惊讶：

第 3 季度的业绩超过我们的预期（1981 年 4 月 20 日）。[○]

和年终业绩一起公布的是威宝向美国证券交易所提出上市申请的消息（1981 年 8 月 5 日）。[○]

第 1 季度业绩超出了我们的预期……我们正在上调对销售收入……和净利润的预测……建议长期投资者在当前水平购买（1981 年 10 月 21 日，股价为 35 美元）。[○]

本季度新设备投资和研发费用增加，削弱了利润逐季增长的势头。即使 1983 财年下半年有很大的支出计划，但利润率仍有可能进一步增加（1982 年 1 月 19 日）。[○]

汉鼎证券做得很好。它们全程追踪了这只股票。它们是第一家推荐买入威宝股票的公司。尽管如此，当汉鼎推荐时，股价已经从底部翻了一倍多（参见图 14-5）。这轮上涨的原因很简单，1980 年下半年至 1981 年上半年，这只股票就像弹簧一样被压得太紧了（参见第 2 章）。1981 财年的销售额虽仅比 1980 财年高 7.4%，但第 4 季度的盈利为 1 383 000 美元，而去年同期为亏损 367 000 美元。[○]销售比盈利稳定多了（因此市销率在分析股票时很有用）。

○ 汉鼎证券关于威宝公司的（信息）更新，1981 年 4 月 20 日。
○ 汉鼎证券关于威宝公司的（信息）更新，1981 年 8 月 5 日。
○ 汉鼎证券关于威宝公司的（信息）更新，1981 年 10 月 21 日。
○ 汉鼎证券关于威宝公司的（信息）更新，1982 年 1 月 19 日。
○ 威宝公司 1981 年 8 月 5 日公告。

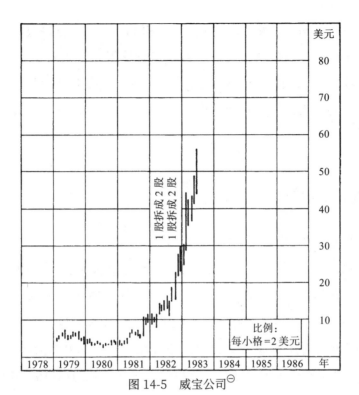

图 14-5　威宝公司

资料来源：M. C. Horsey & Company, Inc., P.O. Box H, Salisbury, Md. 21801.

随着情况好转，威宝公司宣布了一项股票增发计划——以筹集现金（如果发生意外，现金是绝对必要的）。投资界几乎没有人对一家最近还在亏钱的公司存在信心。这项计划不受欢迎。

发行前几周（可能是出于对发行的恐惧以及对公司缺乏信心）股价下跌了。1981 年 9 月 3 日，威宝以 23.67 美元公开发行了 35 万新股。随着增发顺利结束，手头有了"金蛋"作为安全储备，股价立即回升到 35 美元左右。从此以后它每季度都在狂涨。

⊖　此图应系在坐标纸上手绘。1 大格包含 5 小格，每大格 = 10 美元。原图制版原因，致图　上小格已不可见。——译者注

图 14-6 是威宝 1982 财年第 1 季度报告里的季度柱状图，这些图显示与财报中其他变量相比，销售额和研发费用是相对稳定的。将这些图与威宝 1983 财年第 2 季度（截至 1982 年 12 月 31 日）季报的图（图 14-7）进行对照。后者显示的稳步增长足以说服投资界花点钱。威宝的股价继续上涨。

一路微笑去银行

在两次拆细和另一次发行之间，到 1983 年春天，威宝已经拥有 1200 万总股本。季复一季，威宝报告的经营业绩都很好，净利率超过了 10%，销售额按年化突破了 1 亿美元的水平。股价在 35 美元到 55 美元之间（未复权），由于利润率很高，市盈率看起来只是"稍微有点高"，而市销率已经看起来像天文数字，超过 6.0 了（1200 多万股乘以每股 55 美元等于 6.6 亿美元的市值，除以超过 1 亿美元的销售额，市销率等于 6）。

1983 年，我卖掉了全部威宝股票。作为 1979 年股市低迷时期上市的仅有的几家公司之一，威宝已经走完了一个完整的周期。它的市销率从得宠时的 2.75 下降到失宠时不到 0.5，再回到被热捧的 6.0。仅仅几年时间，股票价格就从高到便宜，再到非常高。同时，曾经小小的"迪斯科宝贝"，也成长为一家拥有出色资产负债表的 1 亿美元的超级公司。我想这是马尔科姆和怀尔、卡特、杰夫、哈里的世界。祝他们一切顺利。他们不需要运气。他们是非常能干的人。我很感激有机会搭上他们的马车，也感激自由企业制度，让我在市销率很高时可以离开。

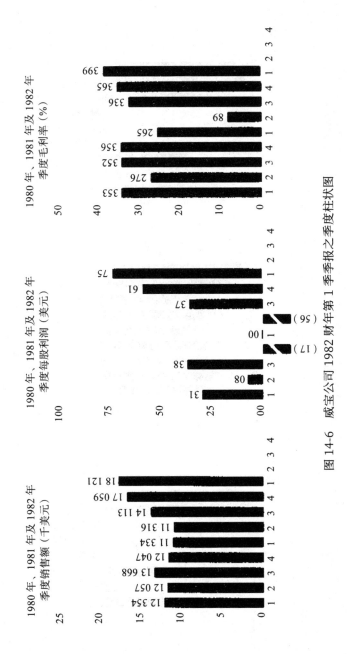

图 14-6　威宝公司 1982 财年第 1 季季报之季度柱状图

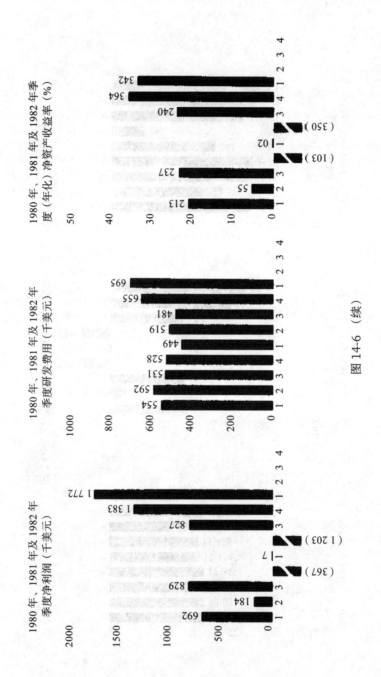

图 14-6（续）

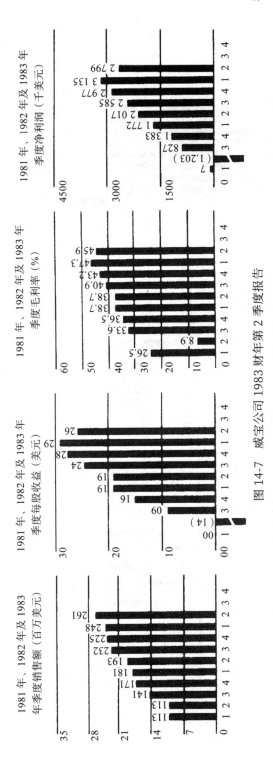

图 14-7 威宝公司 1983 财年第 2 季度报告

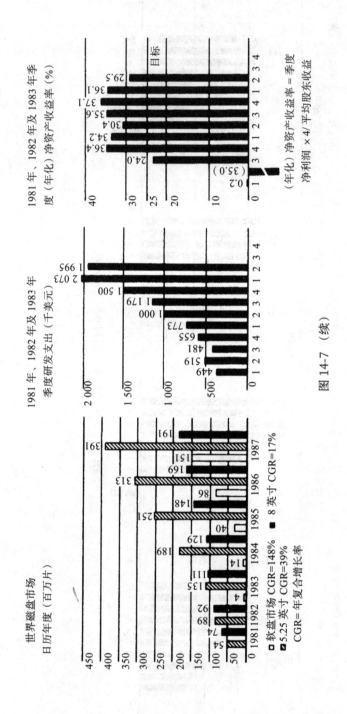

图 14-7（续）

第 15 章

投资加州微波：待机冲浪

早期历史

加州微波公司由戴维·利森博士于 1968 年在加利福尼亚州桑尼维尔创立。该公司设计、制造、销售基于微波技术的相关电子设备。[一]

加州微波公司靠先进的微波信号源部件起家，这些部件用于制造和维修机载雷达。它随后开发了用于现代无线电系统的信号源组件，可以增加信道容量，降低成本，同时延长现有设备的经济寿命。随着 CM41 微波发生器的开发，加州微波公司迅速成为美国最大的现代微波系统供应商。

今天，加州微波的产品用于电信和国防，包括语音和计算机数据的地面及卫星传输、电视和广播网络以及雷达和军用电子对抗系统。客户包括贝尔系统、其他公共电信运营商、美国政府部门和机构、无线电广播和有线服务网络、卫星通信运营商和外国政府。[二]

㊀ 1981 年 1 月加州微波招股说明书，第 4 页。

㊁ 1982 年美国证券交易委员会要求的年报（10-K），第 1～6 页。

近年来，电子技术的微波应用范围迅速扩大。整个 20 世纪 70 年代，美国联邦通信委员会（FCC）的决定拓宽了潜在的电信市场。[一]计算机技术的发展要求提高数据通信能力，从而带动了电信市场的发展。

加州微波公司于 1972 年首次公开发行股票，此后一直在柜台交易。公司成长迅速，股票在 20 世纪 70 年代中期表现出色。表 15-1 是截至 1979 年 6 月 30 日的五个会计年度销售额和净利润。[二]

表　15-1

	1979	1978	1977	1976	1975
销售收入（千美元）	40 036	33 167	26 061	18 062	10 753
净利润（千美元）	2 368	1 889	1 496	829	526
每股净利润（美元）	1.17	0.96	0.78	0.46	0.29

注：未针对后续股票分红进行调整。

销售额和净利润以 30% 和 35% 的速度增长——这在 20 世纪 70 年代后期是相当可观的，当时华尔街的许多人都在谈论"滞胀"。1979 年大部分时间，股价在 15 ~ 18 美元，对应市销率在 0.92 ~ 1.10——当然不算太高。它的市盈率在 15.6 ~ 18.75 之间变化——以大多数标准衡量，也不算太高。由于没有过度估值，而且有持续的增长纪录，它得到了机构投资者和券商的支持和推荐。专栏 15-1 是一份典型的"摘要型"券商研报的主体部分，内容摘自 L.F. 罗斯柴尔德证券公司的荐股文章。[三]

1979 年 11 月，加州微波宣布第 2 个财务季度（截至 1979 年 12 月 31 日）的利润将低于上年同期水平，该财务年度的利润也可能下降。利润下降归因于卫星通信领域的生产启动成本高于预期，加上意外结束了

[一] 1982 年美国证券交易委员会要求的年报（10-K），第 1 ~ 6 页。

[二] 1979 年年度报告，第 16 页。1979 年的每股数据是准确的，但不反映随后的变化。

[三] L.F. 罗斯柴尔德（后称：L.F. 罗斯柴尔德 – 安特伯格 – 托宾，英文名：L.F. Rothschild, Unterberg, Towbin）是一家总部位于美国的投资银行公司，成立于 1899 年，该公司在 1987 年股市崩盘后倒闭。——译者注

CM41 微波无线电现代化产品的连续生产。[⊖]

该股"跳空低开"——从 18 美元跌至 13 美元。随着销售额上升股价下跌，市销率显著降低到 0.64（206.3 万股乘以每股 13 美元，等于 2680 万美元市值，市销率等于 2680 万美元除以过去 12 个月销售额 4190 万美元，等于 0.64）。[⊜]

专栏 15-1　加州微波公司，代码 CMIC（股价 17.25 美元）

1979 年 10 月 24 日

加州微波公司最近公布了截至 9 月 30 日的第 1 季度收益情况。收入增长了 24% 至 990 万美元，净利润增长了 25% 至 608 000 美元，每股收益从 24 美分涨至 29 美分，增长了 21%。比这份报告更重要的是，美国联邦通信委员会 10 月 18 日决定，对用于广播和有线电视传输的卫星通信地面终端，放松部分市场管制。虽然这一决定是意料之中的，但时间尚不确定。该公司已从美联社、相互广播公司和背景音乐公司收到了三份合同，总金额为 960 万美元，独家供应单向地面接受站（6 英尺小型碟形天线）。这些合同的获得使公司在手订单增加到创纪录的 3420 万美元。这三个客户的后续合同，以及卫星节目接收和传输市场的其他潜在合同，预计将在明年签订。

我们将 1980 财年的每股收益预期维持在 1.40 美元，今年 6 月给出的预期值是 1.17 美元。对 1981 财年每股收益初步预测为 1.75 美元。我们确信，该公司代表着通信设备和卫星通信市场非常有吸引力的状况。

作者：布鲁斯·S.塞尔策

如需详情，敬请垂询。

注：经 L.F. 罗斯柴尔德证券公司授权使用。

⊖ 公司公告、第 2 季度报告和 1980 年年报，第 2 页。
⊜ 数字根据季报和年报计算。

这家公司值得进一步调研

多年来加州微波一直受到投资界和工程界的尊重。11 月，我研究了手头现存的资料。收到了向加州微波索取的补充资料，并开始了常规的图书馆研究（见第 12 章）。

我拜访了 4 家微波公司——阿凡泰、频率源、欧姆尼（不要与同名出版物混淆）和泽塔实验室——的高管。欧姆尼的业绩时好时坏。[○]但我注意到，频率源以 0.76 的市销率（124 万股频率源股票乘以每股 16 美元 =1980 万美元市值，市销率 =1980 万美元除以 2600 万美元的销售额 =0.76）要约收购欧姆尼全部股份。

我四处打听得到的印象是，加州微波的创始人、总裁、董事长兼首席执行官戴维·利森有点放浪不羁——单身、玩世不恭、有个喜欢开赛车的癖好（后来了解到，这大部分都是人们一时对他的过激印象。他的确是单身，也的确参加赛车比赛。至于放浪或是花心？——那倒没有）。

我还与加州微波的两家供应商聊天，他们都认为加州微波采购量不稳定。采购量虽未下降，但结构看起来正在变化（CM41 逐步淘汰，而 CA-42 和卫星业务正在提速）。

从这些聊天中，还得到了这样的印象，利森是相当有能力的（如果想好好干）。大多数人认为，利森已经变得自满，因为他足够富裕了，没有太操心公司的事。

1979 年 12 月 7 日（珍珠港事件 38 周年纪念日），我第一次见到了加州微波的执行副总裁兼首席财务官菲利普·奥托。奥托解释说，披露的利润降低是由于 CM41 无线电现代化产品订单减少，加上与卫星地面终端相关的启动成本高于预期。预计 CM41 还有订单，但增长速度比过去要慢。

○ 汉鼎证券的报告称："有时，欧姆尼的业绩会好坏参半。"

贝尔 TD-2 微波无线电约有 43 000 个"插口"可用 CM41，迄今为止加州微波已安装了约 30 000 个。几年来，贝尔系统一直在快速安装。然而，在只剩下约 13 000 个"插口"的时候，订单突然大量减少。贝尔系统将及时安装其余插口，但不是按照加州微波照常生产 CM41 的节奏。加州微波预计麻烦是短暂的，并且即将推出的新产品将填补损失。

我告诉奥托，利森给人的印象是不太关注自己的生意，这引发了人们的担忧。关于利森过去的作为，奥托不予置评。他明确表示，利森目前非常专注于公司业务。他一再强调，人们的担忧在今后不会成为问题。

见面结束时，我对看到的一切感到很满意。另外还有 43 000 个插口可使用新产品 CA-42（与 CM41 对接的插口相同，因此公司对市场非常了解），而且它们的卫星地面终端市场可能比其他产品的市场总和还要大。不管短期情况如何，我确信它们的产品线前景可期。我仍然想与利森会面，以消除我对他是否敬业的担忧。

截至 1980 年 2 月，管理层仍认为第 3 季度业绩（截至 1980 年 3 月 31 日）将"略低于去年第 3 季度，但截至 1980 年 6 月 30 日的第 4 季度业绩预计将不会逊于 1979 财年同期"。[⊖]在此背景下，股价开始回升，1 月份平均约为 16 美元。

我开始担心"踏空"（这是我的第一个错误：永远不要仓促出手）。1980 年 1 月 11 日，我"把脚趾头伸进水里"。为了克服焦虑情绪，我以 15.75 美元的价格买了第一单，开始试水。这是一个错误。我还没准备好，市销率还不够低（到目前为止，通过本案例的历史信息，你应该能够算出市销率是多少了）。我的焦虑情绪战胜了自律。1 月底，我又买了点儿。

专栏 15-2 是我 1980 年 1 月匆忙赶出来的买前估值——预测表。手上有了些股票，照理我应该沉下心来继续调研。相反，我依旧感到紧张，

⊖ 第 2 季度季报，1980 年 2 月。

因为对少量买入的这只股票，我还不够了解，也不能确定它是不是超级公司（超级强势股）。

加州微波买前估值的预测如图 15-1 所示。

专栏 15-2　加州微波买前估值——预测

日期：1980 年 1 月 11 日

购买渠道：

柜台：汉鼎、L.F. 罗斯柴尔德

1. 总股本 206.3 万股，每股 15.75 美元。总市值 = 3250 万美元。

2. 最近 12 个月销售收入 = 4180 万美元

市销率 = 0.78——勉强还行

最近 12 个月研发支出 = 260 万美元

市研率 = 12.5——勉强还行

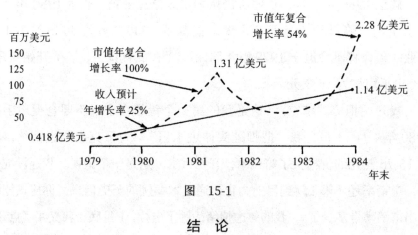

图　15-1

结　论

1. 除非卫星地面终端和 CA-42 在第 4 季度销售额远远超过 CM41，否则股票可能下跌。如果第 3 季度的收益低于预期，股票可能会下跌。

2. 未来 5 年销售收入可能会以平均 25% 的速度增长吗？

3. 36 个月后的平均净利率会是 5% 吗？

4. 总有一天，加州微波市销率能达到 2.0。可能在 1981 ～ 1982 年，也可能发生在 1984 年。

5. 如果它们能赚 5% 的纯利润并且市销率是 2.0，则市盈率将达到 40——有点夸张，但在牛市里行得通。

6. 就买一点试试水，以后再多买。股价可能更高也可能更低。

继续做我的图书馆研究，我了解到更多微波技术和微波应用的商业成本知识。我向电子行业和投资界的饱学之士寻求更多信息。

1980 年 2 月 15 日，我终于见到了戴维·利森，他给我留下了深刻印象。关于公司的问题，他开诚布公。在我没有任何提示的情况下，他毫不犹豫地承认，他没有足够关注公司业务。他说，他最近做了深刻的反省，看看自己是否愿意毕生经营企业。答案是愿意。

利森的身材令人一眼难忘——矮胖，精力旺盛，长发飘飘。他的活力、敏锐和诚实正直弥补了身材的不足。我感到欣慰的是，他能够很好地倾听，同时赢得追随者的钦佩和尊重。他的业务问题很简单，对依靠单一核心产品的企业来说也很常见。这家公司的发展遇到了典型的小挫折（见第 2 章）。他：

▶ 高估了 CM41 产品的生命周期。

▶ 低估了下一代产品跟上进度所需的时间（特别是卫星地面终端和 CA-42——它们进入和 CM41 一样的市场）。

虽然他高估了 CM41 产品的生命周期，但当时他不知道自己高估了多少。当然，我也不知道。跟利森见面以后，我觉得和他在一起很轻松，确信他能解决他的问题。我相信下一季度的收益可能很差，甚至几乎没有（我不知道它们会有多差）。我原以为在又一次季度业绩不良的情况下，这

只股票还能挺得住。毕竟,他在季报中已经"电告"了下一个季度业绩还
会继续变差。我不知道股票即将崩溃。在股价为 15 美元时又多买了一点
点。我还没有完全投入到这只股票的研究中,觉得自己仍在了解这家公司。

1980 年 3 月 13 日,我有机会见到了劳伦斯·蒂伦,他当时是阿凡泰
公司的董事长兼首席执行官。阿凡泰是华尔街在微波领域的宠儿——也许
是名副其实的。这是一家优秀的公司,也是一家超级公司。其市销率超过
2.5,这在当时非常高(请参见第 4 章,高技术公司在那段时间的市销率)。

阿凡泰正在为股票发行计划举行信息午餐会。对我来说幸运的是,
除了公司高管,午餐会没有指定座位。现场有六七张餐桌,每张桌上有 8
个餐垫。我鼓起勇气,迅速向蒂伦先生做了自我介绍,并问是否可以坐
在一起共进午餐。

午餐时,我专心地听着他谈论他的公司和行业。人们围桌而坐并提
问,蒂伦先生回答。我印象深刻。他显然是个很能干的人。被问到对加
州微波有何看法时,他笑了,并表示阿凡泰有意向进入微波无线电现代
化市场,"如果利森不更多注意他的生意,他可能就没生意了"。桌子周
边的其他人纷纷窃笑着。人们对阿凡泰充满信心,而对加州微波则相反。

哎哟!另一只靴子落下来了

1980 年 3 月 19 日,加州微波公司宣布,预计将对 CM41 产品线相
关产品核销约 100 万美元的库存,这将导致其第 3 个财务季度出现亏损。
它们表示,今年的利润将"大大低于"上一年,并指出上个月 CM41 的
订单率进一步恶化。从公告的措辞来看,核销的确切数额似乎有些模糊。[⊖]

另一只靴子掉下来了。股票"跳空低开",从 13 美元跌到 9 美元。几

⊖ 《电子行业新闻》,1980 年 3 月 31 日,以及 1980 年 3 月 19 日公司公告。

天后股价最低为 8.5 美元。接下来几周，股价一直在 8.5 美元到 10.5 美元之间波动。当公司表示它们正在评估问题的严重性，并且还不知道核销的确切数额时，加州微波的大多数利益相关方都很紧张（参见第 2 章，描述了此时公司经历的一个典型过程）。100 万美元这个数字还只是个预估值。

同一时期，管理层进行了改组。两名高管被劝退，两名现任副总裁被赋予额外的职责（第 2 章描述了这一过程）。吉尔伯特·约翰逊被任命为分管运营的执行副总裁，霍华德·奥林格被任命为电信产品部门新总裁。[⊖]

图 15-2 是 1980 年 3 月底之前几年的股票走势图，这可不是一幅养眼的图画。

我很苦恼。我不喜欢刚买的股票就跌穿买入价——而且还在下跌。这一切很容易归咎于加州微波的管理层。就在我与利森会面刚一个月，公司就宣布出现了重大问题。很容易让人想到，"如果没有早一点理解这些问题，他们一定是很糟糕的管理层。也许他们现在还没搞清楚"（关于这种谬误心理的描述，请参阅第 2 章）。但随着股价下跌，现在是时候试着原谅管理层所犯的错误了（请再看第 2 章）。

图 15-2　加州微波公司

资料来源：Mansfield Stock Chart Service, Jersey City, N.J. 07306.

次月的大部分时间，我在慢慢反思过去数月了解到的东西。我该怎

⊖ 第 3 季度股东报告，1980 年 5 月。

么做？——买入更多的股票？那可能是一家正在经历成长挫折的超级公司。还是卖掉那点小仓位？因为管理层不知道自己在干什么。

我了解的大部分信息告诉我加州微波是一家超级公司。微波市场由不同的"专业"市场组成。这些细分市场大多发展迅速。在自己的"专业"领域，加州微波绝对市场份额和相对市场份额都很高。加州微波长期高于平均水平的增长前景是可以期待的。

高层管理人员非常能干。的确，利森20世纪70年代末有点跑偏，也许是太成功产生的副作用，但他现在已经完全回到了正轨。在我心里，微波行业和投资界早年对利森和奥托的大量评论，以及我本人对他俩的看法，使得最近许多人对他们的负面评价显得微不足道。

在至关重要的利润率方面——加州微波有着值得赞扬的长期历史纪录。它们以前利润率很好。这显然不是一只沉睡的狗。它们明确表示，打算再次获得与过去相当的利润率。考虑到它们的市场占有率和市场前景，没有理由认为它们不能接近目标。通过利润率分析并给它们宣布的利润率目标"打个折"，它们的利润率预计可以达到5%。

看起来加州微波通过了测试，即使是勉强过线，它也达到了超级公司的利润率门槛。综合考虑强劲的增长前景和对管理层的良好评估，该公司看起来是，实际上也是，一家超级公司在发展速度超出了自己的经验水平的情况下，遭遇了成长的挫折。那么，它的股票怎么样？

股价为9美元时，其市销率仅为0.44（总市值=206.3万股×9美元/股=1860万美元，市销率=1860万美元÷过去12个月销售额4180万美元=0.44）。这只股票的市研率为7.2（总市值1860万美元÷（美国证交会10-K表格提供的研发支出，包括第三方赞助的研发支出，共260万美元）=7.2）。㊀对这只股票重仓投资似乎是合宜的，但时机怎么考虑？

㊀ 美国证券交易委员会要求的1979财年年报及随后季度的股东报告。

冒个险

1980 年 4 月 29 日，我参加了旧金山一家券商为投资者举办的为期一周的科技论坛。利森在会上做了关于加州微波的演讲。听众中弥漫着十分浓厚的怀疑情绪。当利森走上讲台时，脸上挂着微笑，但这并没能阻止一大半的人离场。他们站起来就走。其余的人大多坐着，茫然地瞪着眼睛，有些人在看报。

早前，我与几个人交流过。这半年，大家收到了太多坏消息。一名投资者拿利森的体型开玩笑，说："戴维还不够胖啊，扛不起这份工作。"加州微波曾被看成了不起的公司，拥有了不起的管理层。现在，投资者对它根本不感兴趣。

利森依然是那个我在桑尼维尔他的办公室里见到的人——诚实、真诚、敏锐。他说，他很高兴宣布加州微波以"股权不稀释"的方式收购卫星传输系统公司，这是一家纽约的数字卫星地面站交钥匙工程供应商，加州微波已经持有该公司的少数股权。

听到"股权不稀释"这个词时，我知道我必须做什么。我留下开着的录音机，站起来走了出去。我必须看上去和其他走出去的人一样。我走到街对面打了个付费电话，下了个订单（和举办会议的券商一起）买入加州微波股票。订单生效后，我回到会场。这次购买并不完全是一时冲动。前一周，我已经修改了加州微波公司的买前估值——预测表（见专栏 15-3）。

我用了几个星期买入股票。1980 年 5 月 8 日，加州微波公司宣布，第 3 财季亏损 95.8 万美元，同时核销了 210 万美元的存货。公告显示，本季度的手持订单和新接订单也有所减少。[一]股票继续在 9 美元～10.5 美元范围内交易。

加州微波买前估值的预测如图 15-3 所示。

一 1980 年 5 月 8 日公司公告，以及股东季度报告，1980 年 5 月。

专栏 15-3 加州微波买前估值——预测

日期：1980 年 4 月 23 日

购买渠道：

柜台：汉鼎、L.F. 罗斯柴尔德

1. 总股本 206.3 万股，每股 9 美元。总市值 = 1860 万美元。

2. 最近 12 个月销售收入 = 4180 万美元

市销率 = 0.44——不错

最近 12 个月研发支出 = 260 万美元

市研率 = 7.20——不错

结　论

1. 除非卫星地面站和 CA-42 销售额在第 4 季度超过 CM41，否则股价可能下跌。如果 1981 财年前两个季度持续亏损，股价可能下跌。

2. 销售收入很容易在未来 5 年以年均 25% 的速度增长。

3. 在 36 个月内，它们的平均净利率应该达到 5%。

预　测

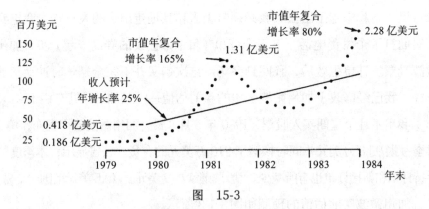

图　15-3

4. 总有一天，加州微波的市销率能达到 2.0。可能发生在 1981～1982

年，也可能发生在 1984 年。

5. 如果它们能赚 5% 的净利润且市销率达到 2.0，则市盈率将为 40——有点夸张，但在牛市中是可行的。

6. 如果我花了 30 万美元，在我买的过程中股价涨到 12 美元，则我的平均成本约为 10.5 美元。这意味着我将购买约 28 500 股或 1.4% 的加州微波股份。

到 5 月 31 日，我已经为客户和自己买入了 27 000 多股，占比略高于加州微波总股本的 1.3%。购买成本仅为 29.5 万美元——购买低市销率的好股票并不要花很多钱（接下来几年，在几次股票走弱时，我又买了一些）。

乘风破浪

从 1980 年 5 月开始，股价一季比一季高，一年里不停地上涨。公司运营稳步改善。在我最后一次大量买入的一年之后，股价涨到 32 美元——几乎是我成本的 3 倍。股价表现为什么这么好？首先，它的上涨是由于原来的价格太低了。加州微波是一家了不起的公司——一家超级公司。任何市销率低于 0.75 的超级公司股价几乎都很便宜。华尔街从前很喜欢这只股票，后来对它漠不关心。随后，它们意识到这家公司并不差。再后来它们意识到这家公司是非常好的。这一切都需要时间。是什么让认识发生转变的？

加州微波业绩变化的一个重要因素是手持订单量。图 15-4 是截至 1980 年 6 月 30 日的 5 个财年和截至 1981 年 3 月 31 日的 9 个月的期末手持订单量。很明显，戴维·利森又关心他的生意了。订货量激增。在整个 1981 财年，新订单和手持订单量逐季稳步增长。而华尔街对加州微波的期望却越来越低。

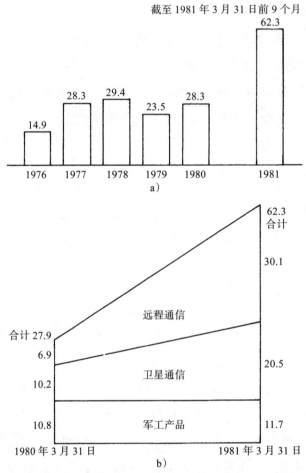

图 15-4 a）加州微波公司手持订单量（单位：百万美元）

b）加州微波公司手持订单量分析（单位：百万美元）

公司多次宣布手持订单量的增长，6 月 4 日（490 万美元）、8 月 29 日（820 万美元）、9 月 12 日（310 万美元）、10 月 15 日（660 万美元）、10 月 16 日（150 万美元）、10 月 20 日（130 万美元）、11 月 7 日（690 万美元）和 12 月 16 日（1550 万美元）。不到 6 个月，手持订单量从 2830 万美元增加到 6800 万美元。⊖对一家年业务量大约为 4000 万美元

⊖ 1980 年 6～12 月的公司公告。

的公司来说，这相当不错了。

由于所有这些意想不到的好消息，股票除了上涨无路可走。订单在前，销售在后，然后是利润（见第 1 章和第 2 章中对这一过程的解释）。图 15-5 和图 15-6 是销售和利润图。

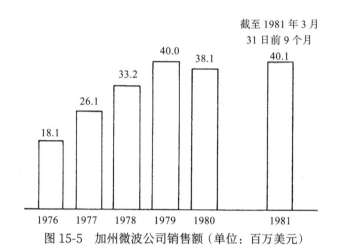

图 15-5　加州微波公司销售额（单位：百万美元）

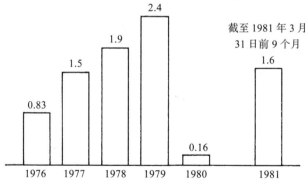

图 15-6　加州微波公司净利润（单位：百万美元）

新鲜血液

1980 年秋季，加州微波又增加了两名高管：弗雷德·斯托克担任工

程副总裁兼首席技术官，乔治·斯皮兰担任财务副总裁兼首席财务官。[⊖]
乔治作为新人，可以让那些"将失望归咎于公司"的投资者与之建立联
系，并且其身上不用背着"曾经让他们失望"的包袱。

1981 财年初，加州微波的利润率低于超级公司的正常水平，它的新
产品出现了典型的低利润率——这与产品处于生命周期的早期阶段有关
（见第 1 章和第 2 章）。它们同时在多个产品线遇到了低利润率问题，特
别明显的是卫星地面站和 CA-42 产品线（CA-42 产品被卖到同一个 TD-2
无线电网络——CM41 曾经是它的一部分）。股价反应强烈，因为华尔街
根本没有预期会赚钱。

1981 年 1 月 19 日，加州微波以 20.25 美元 / 股的价格公开发行了
44 万股股票，募集了 820 万美元现金。[⊖]这种做法（出现盈利问题后很
快发行股票）在超级公司中很常见（参见第 14 章的威宝案例，具有可比
性）。管理层将筹集到的现金视为"一鸟在手"。尽管他们知道以后发行
价可能会更高（"众鸟在林"），但更愿意立即拿到现金。刚刚摆脱长期困
境，他们仍然心有余悸。他们自己也不确定今后有没有更多的问题。

接下来几年，公司业绩稳步增长。表 15-2 是截至 1983 年 6 月 30 日
的 5 个财年销售额和利润情况。[⊜]

表 15-2

	1983	1982	1981	1980	1979
销售收入（千美元）	101 209	88 615	56 971	38 066	40 036
净利润（千美元）	5 375	4 154	2 521	158	2 368
每股净利润（美元）	0.65	0.52	0.35	0.02	0.39

1980 年以来有了戏剧性变化。将这些数字与本章前面 1975～1979

⊖ 第 2 季度股东报告，1981 年 2 月。
⊖ 第 2 季度股东报告，1981 年 2 月，以及招股说明书，1981 年 1 月 19 日。
⊜ 1983 年 8 月 16 日公司公告，以及致股东的 1982 年年度报告。

年的数字相比，1980年似乎是加州微波从千万美元的小公司成长为1亿美元的公司过程中一个典型小挫折。

从1979年12月到1980年9月，券商对加州微波鲜有研究报告。此后，公司又有盈利了，华尔街对股票的关注也不断增加。随着正常调整到位，股价在1982年大部分时间原地踏步，在大熊市还稍有下跌。与此同时，公司继续成长。

1982年夏天，加州微波市值为6600万美元，比1980年春季高出3.5倍，与当时9000万美元的销售额相比，市销率仍然只有0.74。这又是一个极佳的买入机会。

1982年8月，牛市开始了，加州微波股票大涨。图15-7是这只股票从3美元（针对后续拆分进行了调整）上涨至27美元的图表——3年零1个季度市值增长了8倍，年复合回报率97%。这是一个低价买入超级公司（超级强势股）的经典故事。

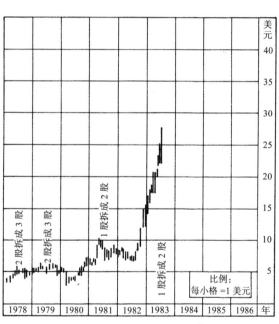

图15-7 加州微波公司⊖

资料来源：M. C. Horsey & Company, Inc., P.O. Box H, Salisbury, Md. 21801.

⊖ 此图应系在坐标纸上手绘。1大格包含5小格，每大格＝5美元。原图制版原因，致图上小格已不可见。——译者注

专栏 15-4　加州微波前景光明

经历了艰难的 1980 财年之后，收入和利润都出现了反弹，单边带无线电台可能成为一条重要的新产品线。

快车道上的生活并非没有磕碰和曲折。自 1968 年成立以来，总部位于加利福尼亚州桑尼维尔的加州微波公司一直保持快速增长，销售额和利润年复合增长率均达到 25%。这个公司似乎能一直以这种速度增长——直到它的 1980 财年。

税前存货核销了 200 万美元，卫星通信设备的生产启动成本增加，结束 CM41 微波无线电现代化产品连续生产导致的销售额下降，三者加起来，造成 1980 财年净利润缩水到 15 800 美元，销售额降到 3810 万美元，而上年净利润是 240 万美元，销售额是 4000 万美元。

这些数字迫使人们进行了一段时间的自我评估。公司认定问题完全是内部的：需要加强管理和运营。加州微波咬紧牙关，其财务状况似乎正在改善。1981 财年，销售额接近 5700 万美元，净利润飙升至 250 万美元。

在 1981 财年，加州微波还以创纪录的速度招揽订单；收购了一家卫星设备供应商，加州微波曾经是它的风险投资者；通过发行股票筹集了 820 万美元，用于归还银行贷款 600 万美元，以及为未来增长提供营运资金；在第 4 季度派发了 100% 的股息。

1982 财年中期业绩进一步表明公司已经全面复苏：第 2 季度净利润增长 106%、销售额增长 83%。上半年，净利润增长 92%，增长到 180 万美元，每股净利润增长 55% 至 34 美分，销售额增长 65%，增长到接近 4100 万美元——高于以前任何一年的全年销售额。

勒紧预期的缰绳

公司创始人、总裁、首席执行官、自 14 年前开业以来的董事长戴维·利森尽管有理由感到兴奋，但他仍然严格控制着自己的激情，并以 1980 年从磨难中学到的痛苦教训来提醒。他说："我还记得让预期失控的惨痛教训。"

尽管 1980 年十分艰难，然而，利森说公司并没有破产的风险。他表示："从心理上讲，我们受到了严重的打击，但我们的资产负债表从未处于风险之中……我们从来没有操心过歌里唱的第三次跌倒这件事。关键的问题是挺直脊梁扭转局面。"

因为加州微波把一样的技术提供给不同类型的客户，所以市场是分散的。因此，"我们每个团队都处于这样的境况，和自己的期许相比，没有什么好消息值得一提。最乐观的情况，我们连想都不敢想了，"利森回忆道，"这不可避免地让你陷入麻烦。这就是我们当时经历的大致情况。"

他不把责任归咎于外部的影响或因素，"我们自己让自己陷入了困境，"他说，"我们也是靠自己摆脱了困境。"利森说，对挫折及其原因的分析造就了一种氛围，在这个氛围中，"每个人都是高高兴兴的、诚实的。这样，坏消息和好消息都会披露出来，我们就可以认清自己的处境，然后继续前进"。

利森说，一种改进办法是将运营部门和财务控制分开，并指出运营部门是个关键的控制部门，而财务部门则是个支持部门。他解释说："一个人很难同时做这两项工作，所以我们将它们分开。"加州微波还减少了费用开支，进行组织变革以加强管理，特别是在部门层面加强了财务控制。

预期失控导致公司犯了利森所说的短期错误，"其核心是当市场还没有提供业务增长的需求时，我们就急于向前冲"。

但他强调，"我们的基本战略过去是、现在还是非常正确的，我们过去做的生意现在还在做。如果我必须重来一次，我会确保让我们自己的压力更小些，这样内部的坏消息就可以和好消息一样容易地流露出来，并且能够找准问题所在，防止问题在最终出现时成为杀手"。

处于技术前沿

纽约迪安·维特·雷诺兹证券负责研发的第一副总裁詹姆斯·麦凯布说，加州微波的规模仍然很小，截至 6 月 30 日的一年预计销售额不到 1 亿美元，但它"在无线电微波行业，确实处于技术领先地位"。加州微波正在为它最大的客户（贝尔系统公司）升级微波设备，并为其提供卫星地面终端。加州微波是美国电话电报公司长话部仅有的几家外部供应商之一。

在过去5年中，美国电话电报公司对其微波系统进行了两次重建。麦凯布指出，在第一次重建中，加州微波获得了90%的业务，美国电话电报公司自己的西部电气公司作为备用供应商。他说，"这显示出美国电话电报公司对加州微波的依赖程度"。

"下一阶段将是美国电话电报公司的单边带无线电台项目，我打赌最终大部分业务都是加州微波的，"麦凯布继续说，"这个项目将持续6～7年，因此加州微波的这部分业务前景相当不错。"

通过军工产品，加州微波与美国政府建立了密切的工作关系，美国政府是加州微波的另一个大客户。麦凯布相信："加州微波擅长于自己的业务，它仍然是一家小公司，未来会有很大的增长……加州微波目前把产品销售给这些渠道，关键是要开发新的产品，通过现有渠道去销售新产品，并且为新的渠道开发新的产品。"图15-8展示了加州微波的收入与利润。

抬头看看加州微波

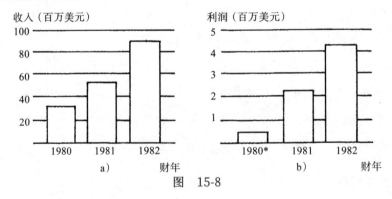

图　15-8

注：图表已更新以反映全年结果。
* 1980年的利润受到两项不利影响：税前核销200万美元、为加速新产品线的启动而增加成本。
资料来源：California Microwave Inc.

旧金山投资银行汉鼎证券的分析师布鲁斯·塞尔策认为加州微波是商业和国防市场微波通信设备的一个重要创新者。他强调该公司成功地将其能力从核心的信号源业务扩展到新的微波相关产品领域。

这包括模拟微波无线电现代化系统、商用和军用卫星通信、数字地面终端、数字（或 T 载波）通信仪器、军用雷达仪器和电子情报设备。

加州微波的销售策略是聚焦于拥有大量的预算，并且有密切的工作关系的客户，以开发符合它们需求的产品。针对加州微波的三个产品领域——电信、卫星通信和政府电子产品，战略重点放在美国电话电报公司、美国政府各部门和代理机构等大客户身上，强调系统的销售，而不是组件或子系统的销售。

直到去年，电信一直是加州微波最大的销售板块，1981 财年占加州微波收入的 33%，从上一财年的 47%、1979 财年的 54% 降下来。塞尔策预计，电信业务占今年销售额的比重将反弹至 48%。

1981 财年，卫星通信超过电信成为加州微波的最大收入来源，占总销售额的 43%，高于 1980 年和 1979 年的 15%。这块业务业绩表现背后是 1980 年加州微波收购了卫星传输系统公司（一家数字卫星地面站交钥匙工程供应商）的剩余股份，并增加了单向接收卫星地面站和双向语音终端的销售。今年，卫星通信的收入可能占加州微波总收入的 32%。

加州微波的第三个产品领域是政府国防通信，占 1981 年销售额的 24%，而上一年为 38%，1979 年为 31%，今年预计为 20%。在加州微波公司成立早期，政府业务高达总销售额的 60% ～ 80%，利森希望这块业务稳定在 35%。他说，加州微波将受益于里根政府提出的大幅增加国防开支的方案。利森说："我们涉及的国防预算部分是通信和情报部门，这些部门不受制于你所看到的各种疯狂变化，例如在武器系统方面。"

扩大客户基础

去年 10 月，花旗银行选择加州微波下属的卫星传输系统公司为其卫星传输网络提供大部分的卫星地面站。花旗银行的前四个地面站定于今年 9 月建成。通信服务将包括语音、消息、数据和电话会议。

利森预计，加州微波将扩大企业卫星网络业务，类似于为花旗银行和其他有足够资本安装加州微波设备的公司设立的卫星网络。他还预计加州微波会将产品出售给美国电话电报公司的竞争对手，如 MCI 通讯，并希望增加有线电视和网络电视节目运营商的卫星终端业务。过去一年，加州微波在有线电视行业的销售额仅占总销售额的 5% ~ 10%。但美联社是小型卫星终端的大客户，利森预测最终"几乎每家报纸都会有我们的一个终端"。

迪安·维特·雷诺兹证券的麦凯布预计，加州微波今年的每股收益约为 83 美分、销售额约为 9000 万美元，1983 财年每股收益将增至 1.10 美元、销售收入将达到 1.1 亿美元。利森对此没有置评，但他也没有给出自己的预测。通信行业的前景是良好的，尽管加州微波在经济衰退中保持了自己的发展势头，利森仍然小心谨慎，抑制着自己的乐观情绪。他不想让预期再次失控。

作者：阿瑟·加西亚

资料来源：Reprinted from *Electronics Business*, August 1982.

人人都喜欢快乐的结局

本案例的最后几页（见专栏 15-4）是一篇来自《电子产业》的文章，描述了加州微波公司光明的未来。正如我们所看到的——在加利福尼亚州的海滩上，不会一直风和日丽。每个在加利福尼亚州海边长大的孩子都知道，冲浪需要合适的条件。要在加州微波股票上冲浪，需要等待低市销率。但这是一次多么美妙的冲浪啊！

附　　录

调研时向管理层提出的 35 个典型问题

下面的清单并不能包罗万象。这些是会见管理层时经常提的问题，针对公司的其他具体问题也是要问的。面谈时还会想到其他问题，想到就问。

开场白

1. 投资界谁在关注贵公司？你认为他们对贵公司的看法怎么样？

2. 请画一张组织架构图，显示公司业务是如何组织的，各职能部门是如何向各自高管报告的。

市场营销

3. 请按产品类型细分你们的市场。

4. 为什么客户买你们的产品，不买竞争对手的？

5. 产品处于什么技术水平？采用的技术是什么？

6. 销售工作是怎么组织的？销售做得怎么样？

7. 从确定潜在客户到结束销售要多长时间？

8. 是否有些重要市场没考虑到？

9. 按产品划分，市场份额是多少？最大竞争对手份额是多少？谁是最强竞争对手？

10. 与几年前相比，市场份额发生了什么变化？

11. 过去两年，有没有新公司进入市场？

12. 产品价格怎样变化？降价在过去是重要因素吗？

13. 除了利润表上的收入，是否有其他重要收入来源于对客户的服务？

14. 各季度新接订单和手持订单情况怎么样？（只有在公开信息未披露时才问。）

15. 除了新接订单和手持订单反映的情况外，业务是否存在季节性特征？

16. 请列出开展业务的前 5 个国家和前 5 大客户的大致销售水平。

17. 在海外开展的营销活动有何不同？

18. 请描述一下产品从最初创意到实现首次发货的过程。

19. 典型的销售人员收入是多少，其中有多少是基于销售提成？

20. 典型的销售人员在公司待多久了？他是从哪里来的？怎么招募到这个人的？

全局／战略

21. 公司的长期目标是什么？

22. 长期目标利润率是多少？打算如何实现？

23. 接下来几年，预计利润表各部分之间的关系会发生怎样的变化？

24. 未来几年是否有重大资产收购或剥离计划？

25. 是否打算为高管增加重要工作职能？

26. 请评价每一位高管，哪些方面最强，哪些方面最弱。例如，如果总裁乔·布洛营销方面最强，他在哪个领域第二强？哪个领域较弱？

27. 未来几年资本支出计划是什么？打算把重点放在哪几个具体的产品领域？

28. 如果过去几年有高管离职（事先查看 10-K 表），他们为什么离开？去哪儿了？

29. 哪几位董事最活跃，哪几位最不活跃？（你可能认为管理层回答这个问题会有点犹豫，但我发现很少会这样。）

30. （没有公开披露时才提问）请列出各职能部门员工人数（见表 A-1）：

表　A-1

	今年	去年
研发		
市场推广		
销售		
服务		
生产		
财务		
其他		

其他重要问题

31. 未来几个季度和若干年度，研发费用占销售额的百分比会大于还是小于当前比例？

32. 目前研发开支投在哪些领域？

33. 销售成本中有多少属于外购的成品，多少属于内部制造和组装？

34. 是否存在关键零部件依赖一两家供应商，可能会造成供应短缺？

35. 我有什么该问而没有问到的问题？（如果他们想不出一个或几个问题，他们要么不够聪明，要么不够坦诚——在没有提示的情况下，我从来做不到全面发问。）

市销率与销售规模的关系

汉鼎证券 1983 年 2 月统计摘要中涵盖的市销率与销售规模的关系如表 B-1 所示。

表 B-1　汉鼎证券 1983 年 2 月统计摘要中涵盖的公司市销率与销售规模的关系

最近 12 个月销售收入	市销率									
	0～0.99	1～1.99	2～2.99	3～3.99	4～4.99	5～5.99	6～6.99	10～20	> 20	合计
0～5000 万美元	4	4	10	4	0	2	9	3*	1†	37
5000 万～1 亿美元	1	6	6	5	1	1	3‡	0	0	23
1 亿～2 亿美元	4	6	5	1	3	1§	0	0	0	20
2 亿～3 亿美元	1	3	0	0	0	0	0	0	0	4
3 亿～4 亿美元	1	1	1	3	0	0	0	0	0	6
4 亿～5 亿美元	1	3	1	0	0	0	0	0	0	5
5 亿～6 亿美元	1	0	0	0	0	0	0	0	0	3
6 亿～10 亿美元	1	1	1‖	1#	1**	0	0	0	0	6
10 亿美元以上	8	5	2††	1‡‡	0	0	0	0	0	16
总计	22	29	26	15	5	4	12	3	1	120

注：* 基因泰克、家庭护理和英特康。

　　† 森托科。

　　‡ 卡林特、希捷、汇聚技术。

　　§ 坦登。

　　‖ 英特尔。

　　# 苹果。

　　** MCI 通讯。

　　†† 惠普和安普。

　　‡‡ 王安电脑。

汉鼎证券 1983 年 5 月统计摘要中涵盖的市销率与销售规模的关系如表 B-2 所示。

表 B-2　汉鼎证券 1983 年 5 月统计摘要中涵盖的公司市销率与销售规模的关系

最近 12 个月销售收入	市销率									合计
	0～0.99	1～1.99	2～2.99	3～3.99	4～4.99	5～5.99	6～6.99	10～20	> 20	
0～5000 万美元	2	6	9	3	2	2	8	9	2[*]	43
5000 万～1 亿美元	0	8	3	6	1	0	5	1[†]	0	24
1 亿～2 亿美元	2	5	5	4	3	1[‡]	1[§]	0	0	21
2 亿～3 亿美元	1	3	2	0	0	1[‖]	0	0	0	7
3 亿～4 亿美元	1	3	1	2	0	0	0	0	0	7
4 亿～5 亿美元	0	1	2	0	0	0	0	0	0	3
5 亿～6 亿美元	1	2	0	0	0	0	0	0	0	3
6 亿～10 亿美元	1	2	1[#]	0	1[**]	0	1[††]	0	0	6
10 亿美元以上	3	9	2[‡‡]	1[§§]	0	0	0	0	0	15
总计	11	39	25	16	7	4	15	10	2	129

注：* 森托科和阿波罗电脑。

　　† 汇聚技术。

　　‡ 鹰图。

　　§ 泰索尼。

　　‖ 坦登。

　　# 英特尔。

　　** 苹果。

　　†† MCI 通讯。

　　‡‡ 惠普和安普。

　　§§ 王安电脑。

威宝的故事

差点走远的那一个

作者：凯瑟琳·K.维格纳

一家有前途的公司会迅速发展壮大，很快就会超出其创始人的掌控，威宝公司就是一个典型的例子。寓意就是：一个富有创意的科学家可能是个很差劲的管理者。

在 1979 年之前的 5 年里，J.里德·安德森的威宝公司以耀眼的业绩让小型高科技公司变得非常吸引人。销售额从 430 万美元增至 3600 万美元，利润从 26 万美元增至 230 万美元。平均净资产收益率超过 30%，债务仅占总资本的 6%。难怪 1978 年威宝上市时，股价很快从 17 美元上涨至 29 美元，市盈率高达 23。

但是，突然间，魔力消失了。到 1981 年，净利润已降至 100 万美元，净资产收益率仅为 6.6%，债务占总资本比例上升到 45%，而股价仅为 12 美元。威宝出了什么问题？这是一种常见的情况。创始人安德森说，他被胜利冲昏了头脑。

威宝生产柔性计算机存储磁盘，也就是市场上说的软盘。软盘类似于 45 转 / 分的薄塑料唱片。然而，在一台小型计算机里，这些又黑又亮的"唱片"能播放非常复杂的"曲调"，因为软盘的磁化表面可以根据指令编码。虽然小型软盘存储的信息不如磁带那么多，但它们更便宜、更快、使用更方便，因此是台式计算机和文字处理机的理想存储单元。

威宝去年大概销售了价值 500 万美元的软盘，预计到 1985 年这一数字将翻一番。客户范围从小型软件公司和个人电脑制造商（如苹果公司和坦迪公司）到大型主机制造商（如 IBM、宝来公司和数字设备公司）。孩子们甚至会买软盘来复制朋友的视频游戏，因为一张空白磁盘零售价只有 5 美元上下，而一张预先录制的游戏盘片则要 30 美元。卖软盘的公司有 20 多家，包括 3M（明尼苏达矿务及制造业公司）、美瑞思、大胜、IBM 等，而威宝以超过 23% 的市场份额，成为最大的卖家。

安德森 51 岁时创立了威宝公司，他曾经在企业实验室为他人工作了 24 年。其中有 17 年是在贝尔实验室（象牙塔的最高端）研究电子交换设备和存储装置，2 年在国家收银机公司（NCR），5 年在斯坦福研究所开发新产品。作为电子工程师，他的资历无可挑剔，但他不太像企业家。

安德森正是在斯坦福研究所萌生了开办自己公司的想法，那年他 46 岁。"我们在开发产品，基本上都是为各家公司开创新业务。所以我决定自己创业。在贝尔实验室以及后来在国家收银机公司工作的时候，我就考虑过这一点，但在那样的大公司，你会感到很舒服，不想冒险"，然而，规模更小但更具创业精神的斯坦福研究所把他"从昏睡中唤醒了"。所有这些都表明，什么时候创业都不晚。

安德森是一位单簧管业余爱好者，他设计了一种二合一晶体管节拍器（调谐器）。在斯坦福研究所时别人能够用他开发的产品做生意，受此启发，他决定自己创业，为音乐家同行制作节拍器。然而，仅仅 3 年，他发现那个小小的市场已经饱和。此后，他与商业顾问雷·雅各布森合伙，制造声学数据耦合器，这种设备能让计算机数据通过拨号电话线进行传输。与此同时，安德森想起他在贝尔实验室做过的工作，决定用盒式磁带代替纸带。他的搭档没有赞同，所以安德森离开了合伙企业安德森－雅各布森。他贷了一笔款，还从亲戚朋友那里借了些钱，开始制作数据磁带，公司起名为信息终端，后来改叫威宝。

但是安德森很快发现他选错了产品。数据磁带很快就会被读写速度更快的8英寸软盘取代，这是IBM在威宝成立4年后的1973年推出的。安德森问IBM是否许可他使用这种新的软盘技术，IBM回答可以，因为IBM对销售价值百万美元的电脑比销售价值5美元的磁盘更感兴趣。于是威宝开始迅猛发展。

1979年，61岁的安德森账面上就有1470万美元的财富了。

但随后出现了要命的自满情绪。到1981年，安德森陷入了困境。威宝的问题始于一个小小的疏忽。每一张软盘都放入一个黑色的塑料套，塑料套里面衬着一层柔软的、润滑过的、像布一样的衬垫，以保护软盘并使其保持柔性。但没有经过充分的测试，威宝就更改了塑料套的衬垫材料。新的衬垫使磁盘在使用很短时间后就失效，因为磁盘吸收了太多润滑剂而变干燥了。

当公司改变软盘磁性表面的化学涂层时，问题更加严重了，引起软盘磨损加快。唯一的解决办法是将产品大批量召回。1980年和1981年，公司被迫提取了150万美元的拨备以应对召回。

幸运的是，问题集中在威宝销售增长较慢的8英寸软盘生产线，5.25英寸新产品未受影响。但8英寸软盘市场份额从45%左右下降到15%，而且再也没有恢复。

问题明显很严重。安德森没有建立完备的控制系统，新设计在没有充分测试的情况下就匆忙投入生产。订单出现了混乱，有些产品完全错过了交货时间。安德森对新技术的迷恋使得公司卷入了一项昂贵的开发计划。这个计划包括生产成本更高的硬盘——能够在同等空间中存储更多的信息。问题是，计算机制造商决定自己生产硬盘，日本人也想这么干。

1980 财年（截至 6 月 30 日），公司对硬盘项目核销了 230 万美元。这一年利润下降了 43%。威宝董事会最终采取了行动。1981 年 1 月，他们聘请了罗克韦尔国际公司电子设备部经验丰富的技术经理马尔科姆担任首席执行官。安德森仍持有公司超过 20% 的股份，只保留主席的头衔。马尔科姆说："公司需要领导力、新的控制体系和管理架构。"

为此，马尔科姆从威宝的竞争对手美瑞思公司引进了一位新的营销副总裁，威宝的制造和测试程序实现了自动化。推出了一个新的名为数据生命的高质量磁盘品牌，这个品牌的产品具有 5 年保修期，这在行业内是首创。措施最终奏效了。威宝曾作为低成本大批量磁盘生产商闻名，现在，即使在曾经不抱幻想的客户中，威宝也获得了高品质制造商的声誉。很快，马尔科姆让公司回到了正轨。威宝在 1982 财年结束时销售额达到 8500 万美元，而上一年是 5400 万美元，利润从 100 万美元增至 900 万美元这一理想水平。

创始人现在离开了，43 岁的马尔科姆经营着这家公司。他的工作可不清闲。威宝完全站在快速变化的技术最前沿。目前，小型计算机行业正在热议向更小的 3 英寸或 3.5 英寸磁盘转变的话题。马尔科姆认为这个潜在市场最大的威胁来自日本。像日立、万胜、TDK 集团、索尼和富士胶片等都有制作磁带的经验，它们一直谈论进入软盘行业，作为其产品线的合理延伸。如果它们想在磁盘小型化过程中占领很大市场份额，威宝只能在老产品市场固守主导地位。

马尔科姆在密切关注成本的同时，承诺今年将销售额的 6% 用于研发，未来 5 年这一比例将提高到 9%，并在北卡罗来纳州投入 1000 多万美元建立一个全自动工厂以生产新的微型磁盘。为了给所有这些项目提供资金，马尔科姆将不得不继续负债，并可能不得不开始一次新的资本市场之旅。

这一切的创始人——安德森呢？他大部分时间都花在他投资的几家初创公司上面。"如果看到真正令我兴奋的事情，我可能会再创立一家公司。"他向往地说。但也许下次他会足够聪明，让别人替他管理。

资料来源：经《福布斯》许可转载，1983 年 1 月 31 日。

执掌 MPC 公司

.

我的经历强化了自己的看法，我认为市场营销比研发更重要。我曾是物质进步公司（英文简称 MPC，位于加利福尼亚州圣罗莎市）的重要投资者。在一次激烈的董事会上，总裁离职了。从现有雇员中选不出合适的人来经营这家公司。大多数董事都不是本地人，他们决定正式招聘一位全职总裁，兼董事长和首席执行官。不过，这可能需要好几个月的时间。在此期间，我被要求临时代理董事长兼首席执行官。

我的第一项职责是开始寻找我的替代者。在寻找高管的过程中，你永远不知道需要多长时间，甚至不知道能否找到合适的人。必须做好最坏的准备——我可能要负责这家公司的管理工作很长时间。我的第一个行动是聘请大卫·鲍威尔公司——西海岸一家领先的高管猎头公司。然后开始审视我在公司要面对的情况。

MPC 在大出血。销售下降，每月亏损高达 8 万多美元，也没有新产品来支撑局面。公司完全没有正式的研究和工程职能。它在一定程度上进行了工程活动，但没有组织意识。MPC 制造复杂的电子材料，它希望将现有技术扩展到新的市场（有些已经确定，有些还没想明白）。现有的产品线技术还不错，但不算很好。

由于有一位能干的技术副总裁，我的工作轻松多了。通过给他设立非常具体的目标，并稍稍指导一下他如何与某些人打交道，我们在两个月内搭建了包括3个主要开发项目的正式工程部门。我们很快就为现存的市场磨合出非常简洁的技术。接下来几个月又增加了几个项目。但是潜力都不足，因为市场太小了。我们最初没把市场想透，这时才发现公司需要更多有潜力的项目。

MPC公司自认为是一家"晶体培育"公司，服务于复杂的晶体电子材料市场。公司生产了一些听起来很洋派的产品，如"钆镓石榴石"和"钇铝石榴石"。晶体在高温炉中生长，然后加工成客户所需的精确形状。加工依靠MPC开发的专有技术——"双面抛光"，把小片晶体表面抛光成非常平滑的平行平面。成品必须有非常好的表面质量。允差非常小——以微米计算。虽然公司在晶体培育方面做得很好，但我发现它的声誉来自并依赖于高质量的加工。

加工出色的普通水晶比加工质量一般的优质水晶更受客户青睐（这有点像机械加工的钢制零部件：钢材中含碳量的微小差别不如零部件的完美匹配重要）。我看到我们在加工方面做得很出色。我们不应该从水晶市场和水晶生产者的角度来思考问题。

相反，我们需要发掘抛光业务市场。在把这一信息扩散到整个公司之后，很快就形成了抛光5.25英寸温彻斯特存储磁盘的想法。[⊖]仅此一个市场的规模就超过了公司所有其他市场的总和。在这方面我们有些专长。我没有想到过抛光磁盘，我只是贡献了寻找潜在市场的概念，其他的工作都是同事们做的。

⊖ IBM开发的一种硬盘。

　　从这个想法产生之日起，仅仅用了一年左右的时间，产品就进入了市场——因此技术开发显然并不是太难。那一年的大部分时间都用于确保对市场的充分理解。通过客户评估——直接反馈，我们确信自己的产品是真正独特的。只有通过与潜在客户的客户进行互动，我们才能确定市场规模与我们相信的一样大，并且我们完全知道该如何定价。

　　大卫·鲍威尔公司的猎手终于为我们找到了一位理想的总裁，我也就卸下了担子。抛光5.25英寸磁盘现在是MPC的主要业务。我们所需要的只是在市场和营销方面认清自己。我们原本可能会把研发费用永远花在原有的水晶市场上，而且绝不会走得太远。通过了解市场机会，能够用好研发经费。关键在于营销，而不是技术。

虚拟的案例

我有一个梦想——可能是幻想，甚至可能是一场噩梦。想象一下，一个小型高科技公司，有着市销率很高的神奇股票。市值是销售额的 10 倍多。也许是汇聚技术公司、也许是迪吉数码或者英特康公司。公司总部坐着一位急于成功的总裁——"大"先生。

"大"先生认认真真在研究生院学习了几年，获得了商业和电气工程的双学位。然后，他在"国际无用机器公司"使劲儿向上爬，在其全球帝国的不同岗位上英勇奋战。最后，他创办了自己的公司，取名为迪吉康高科。公司为生物遗传学家制作计算机软件，这些遗传学家希望把抗体克隆到计算机智能网络中。市场虽很小，但《高科技》杂志说这是继切片面包之后最热门的东西。[⊖]

公司去年的销售额仅为 5000 万美元，但股市一定读过《高科技》杂志，因为它对迪吉康高科的估值为 6 亿美元（这里可以写成市销率为 12）。从账面上看，"大"先生身价"很大"。事实上，他知道自己不能

⊖ 在美国人中有这样的传说，切片面包是世界上最好的发明。——译者注

多卖股票，否则股价要崩塌。毕竟，如果总裁都不想持有股票，谁还愿意？"大"先生知道他拥有未来。有朝一日，迪吉康高科将引起巨大的关注。但他为什么要等呢？他想要这个世界，现在就要。

还在"生意学校"读书时，他和"中"先生就是好朋友。"中"先生仍然在"国际无用机器公司"工作。事实上，"中"先生是他们公司顶尖的疑难问题处理能手之一。当某个部门有问题时，公司会派"中"先生出马，"中"先生解决问题的速度比你说"无用机"三个字还要快。"大"先生很看重"中"先生。事实上，他希望自己能聘用"中"先生，请"中"先生加入迪吉康高科团队。他想要这个世界，现在就要。

突然，"大"先生有了主意。他制订了一个计划，代号"闪电行动"。于是他打电话给"中"先生，给"中"先生提供一个副总裁职位，还给了许多期权。在"中"先生接受后，"大"先生开始了"闪电行动"。他聘请了一家西海岸小型投资管理公司来筛选符合以下条件的所有公开发行股份的工业制造企业：

▶ 年销售额在 5000 万～ 1.5 亿美元。

▶ 市销率在 0.0 ～ 0.15。

▶ 没有实际控制人。

拿到清单以后，"大"先生选出了 10 个目标。每家看起来都很差劲，都像条小瘦狗，都在赔钱，都有一大堆债务。"大"先生把这 10 家公司组合在一起，交给公司律师"清白"先生，告诉"清白"他想买下这些公司，他想完全接管它们。"清白"回答说"很好"。"清白"问先买哪一家，打算怎么解决收购资金问题。（"大"先生对"清白"的健康总是有点担心，所以）他说得很慢，但很坚定，"大"先生宣布他想在 7 天后的同一天进行换股收购。

"清白"先生立即心脏病发作身亡。葬礼结束后，"大"先生又聘请了一名律师。周二，他开始行动了。上午 9 点，迪吉康高科宣布了对 10 家公司的联合收购要约，这 10 家公司将构成其新工业部门的核心，由新的公司副总裁——"中"先生管理（他刚刚宣布从"国际无用机器公司"辞职）。

打包的 10 家公司总销售额为 10 亿美元，市值为 1 亿美元。迪吉康高科提出涨价 50%、以（仅为此次活动）增发的 1.5 亿美元新股换购股份。这些公司的很多股东从未想过他们能够从瘦狗身下爬出来——摆脱困境。所以，这项举牌标购受到股东们热烈欢迎——即便这 10 家公司的经理们并不情愿。

一夜之间，"大"先生成为 10 亿美元帝国的首席执行官。也是在一夜之间，美国证监会（SEC）负责人也心脏病发作，从此再也没有音讯。"大"先生如愿雇用了他的老搭档"中"先生。"中"先生发出了前进指令——整顿睡狗！"大"先生只拿出迪吉康高科不到 25% 的股份就完成了这一切。"这是个不错的小把戏"，他心想。迪吉康高科立即成为一家收入 10.5 亿美元、市值 7.5 亿美元的公司。它的市销率为 0.75，和许多 10 亿级别的公司一样。"大"先生很满意。

两年后，"中"先生完成了对工业部门的整顿。从此，这些公司为迪吉康高科赚取的税后利润达到 5%——大于它自己此前的销售额。此后，迪吉康高科的市销率始终保持在 0.75。每个人都过得更好，没有人受到伤害。每个人都忘记了迪吉康高科最初为生物遗传学家制作软件的往事。6 年后，公司名称从迪吉康高科变更为迪高工业公司。几十年后，在退休晚宴上，"大"先生分享了如何通过他创立的"按欲望增长理念"来管理迪高工业。餐后，大家骑马看晚霞，从此，靠股息过着幸福的生活。

你说这不可能？几十年来，类似的故事悄无声息地上演着，只不过没这么戏剧化。20世纪60年代那些雄心勃勃的企业集团曾经大规模地尝试"用一堆母猪耳朵缝制丝绸钱包"。[⊖]股市垃圾堆里大量的"母猪耳朵"，就是未来的发财机会，正等着人们去捡。它们可能会被接管大师捡起来，或者在股价上涨时，华尔街认为它们终究不是垃圾股的时候，被捡走。无论哪种方式，明智的买家会越来越把低市销率股票视为寻找潜在机会的沃土。

⊖ 英国的谚语，意思是化腐朽为神奇。——译者注

修订与更新

本书的所有工作在 1983 年 9 月都已完成。从那时起，科技股下跌了。与此同时，费雪投资公司继续全速开展对市销率的研究——尤其是面向非科技股票。本文旨在向你介绍一些最新发现。看到这本书第一次写完以后我们新发现的有趣事实，你会进一步相信市销率的价值。

人气测量仪

我们发现有必要关注市销率范围的下限，甚至比第 6 章中提到的更低。这与第 7 章的发现相一致。顺着这个思路，我们发现了一些有趣的事情。由于市销率几乎是个完美的人气测量仪，我们总结如表 F-1 所示，显示不同的人气水平和相应的市销率匹配情况。我们将股票分为三类。首先是小型科技公司和成长型公司，就像本书中讨论的案例。然后是价值数十亿美元的大公司，以及没有成长性的行业里的小公司——这两种公司按市销率归为一类。最后，根据建议，增加了利润微薄公司，其业务本身就是低盈利性质的，如超市或分销商。

这些数字是由经验推导出来的。有趣的是，在每种情况下，人气每上一个台阶，市销率就加倍一次。随着股票从默默无闻变得备受关注，市销率和人气指标的变化似乎是一致的——翻倍。我对此没有任何解释，只是提供一个有趣的观察结果，值得进一步研究。

表 F-1　人气测量仪

公司类型	股票热度		
	人气很低，市销率低于	人气尚可，市销率高于	人气很高，市销率高于
小型成长型公司，或者高科技公司	0.75	1.50	3.00
数十亿美元规模大公司，或者没有增长特征的公司	0.20	0.40	0.80
本质上利润率很低的公司，如超市	0.03	0.06	0.12

截止到 1983 年 9 月 30 日的当季十大赢家和输家

1983 年 10 月 4 日，《华尔街日报》的《华尔街见闻》专栏报道了截至 1983 年 9 月 30 日的当季十大赢家和输家。我们研究了它们在季初（1983 年 7 月 1 日）的市销率。根据过去 12 个月的销售额，以及 1983 年 6 月 30 日的股价和股票数量计算市销率。所有信息均来自标普或穆迪公司。结果很吸引人，如表 F-2 所示。

请注意，大多数公司期初都在亏损，因此市盈率毫无意义。不亏钱的公司市盈率又相当高。与此同时，十大赢家期初的市销率从 0.16 到 1.86 不等，均值为 0.60。十大输家期初的市销率从 0.88 到 158.01 不等，均值为 3.61。我们在年末寻找可比名单，但《华尔街见闻》上没有。

表F-2 1983年第3季度股票表现

	涨跌幅度（%）	1983年6月30日股价（美元）	股份数量（百万）	1983年6月30日市值（百万美元）	截至1983年6月30日的12个月销售收入（百万美元）	1983年6月30日市销率	1983年6月30日市盈率
十大赢家：							
O 子午线银行	89	32.75	6.679	218.74	381.00	0.57	6.62*
A 珠宝设计	84	6.25	1.149	7.18	13.79	0.52	19.00
O 史密斯商店	68	9.50	1.368	13.00	72.02	0.18	亏损
O 诊断公司	67	3.75	1.451	5.44	2.93	1.86	亏损*
N 凯素工业	66	13.13	2.898	38.04	122.52	0.31	亏损
O 领先电路	59	4.63	3.008	13.91	22.43	0.62	亏损
O 路易斯安娜海岸勘探	59	6.38	9.696	61.81	50.58	1.22	10.00
N 卡罗尔发展	54	13.00	3.103	40.34	85.17	0.47	16.00
N 海勒曼酿造	50	26.50	26.510	702.62	894.80	0.79	14.00
N 赫斯顿	48	11.38	3.388	38.54	243.65	0.16	亏损
总计				1 139.61	1 888.89	0.60	
十大输家：							
O 国家数据通讯	76	5.75	2.433	13.99	14.88	0.94	24.00
O 森科尔	75	50.25	1.339	67.28	76.40	0.88	27.00
O 统一数据系统	71	5.25	3.702	19.44	0.12	158.01	亏损*
O 胜利科技	70	14.25	16.270	231.78	116.82	1.98	亏损
O 电脑设备	70	12.38	2.798	34.63	20.74	1.67	亏损
O 涛卡姆	69	10.00	7.023	70.23	25.47	2.76	亏损*
O 存储密封	67	5.75	9.199	52.89	0.44	120.21	亏损*
A 远程国际	66	20.75	9.699	201.25	20.49	9.82	182.96*
O 精巧系统	64	18.00	20.340	366.19	25.30	14.47	亏损*
A 医疗建筑	63	24.50	4.419	108.27	21.95	4.93	亏损
总计				1 165.95	322.60	3.61	

注：加＊的市盈率根据原始数据计算而得。其他市盈率数据摘自《标准普尔股票指南》。
O：柜台交易。A：美国证交所。N：纽约证交所。

《福布斯》排行榜

1984年1月，《福布斯》在其《统计聚光灯》栏目发表了题为《看看谁在股市什么位置》的文章。我们从中挑出1979～1983年5年间表现最好的20只工业股票，计算了1979年1月的市销率。这些公司1978年的销售额都超过5000万美元。然而，我们无法获得很多公司1979年的季度数据。因此，必要时只能推断季度销售额，假定年度销售额的增减是各季平均发生的。严格来说事实不会是这样，但这比任何其他方法都更接近事实。

例如，一家1月31日结束财政年度的公司。假设1978年1月31日结束的财年销售额为1亿美元，1979年1月31日结束的财年销售额为1.2亿美元。我们推算离年末最近的截至1978年10月31日的第3季度业绩，没有实际数字的情况下，假设2000万美元的同比增长在全年均匀发生。因此，推算出截至1978年10月31日的12个月累计销售额为1.15亿美元（见表F-3）。

请注意，这20只表现最好的股票中，有11只在1979年初市销率为0.20或以下。另外4只期初市销率在0.20～0.35。只有2只股票在1979年开始时市销率大于0.75，其他3只在0.35～0.75之间均匀分布。有8只股票，包括排在最前面的2只，市销率呈数倍增长，达到或超过700%。例如，普尔特房地产市销率从0.079增加到0.829。有12只股票，包括最前面的4只，市销率上涨超500%。有些公司，如扎耶尔，其市销率增加幅度大于股价上涨幅度，这是因为市销率反映了发行新股对股票市值的影响。

显然，如果一只股票的市销率要扩大500%～1000%，它的起点必须很低或者终点必须很高。除了两只股票，其他的市销率都增长了300%

以上。其中一只是王安电脑，它起始市销率最高。这表明股票增值通常包含受欢迎程度增加。要想更加受欢迎，如果从不那么受欢迎开始，会容易一些。

表 F-3

股票	5 年涨幅百分比（%）	1979 年 1 月市销率	1983 年 12 月市销率	1978 年销售额（百万美元）
普尔特房地产	2 885	0.079	0.829	271
美国斯巴鲁	1 637	0.058	0.536	441
玩具反斗城	1 522	0.303	1.981	394
MCI 通讯	1 433	0.601	3.044	120
沃尔玛	1 386	0.292	0.466	1 161
限量版	1 307	0.466	1.715	212
科尔科工业	1 236	0.167	0.499	129
扎耶尔	993	0.033	0.373	1 511
安尼克斯特兄弟	881	0.136	0.845	215
王安电脑	838	1.562	2.910	229
芝加哥和西北铁路	830	0.094	0.945	723
伯根布鲁斯威格	821	0.045	0.243	456
罗斯百货	800	0.048	0.352	491
牛津工业	796	0.112	0.482	238
停车购物	740	0.035	0.243	1 850
伯克希尔 – 哈撒韦	729	0.663	5.786	245
海勒曼酿造	728	0.200	0.746	500
瓦里安联合公司	726	0.247	1.646	401
电子数据系统	724	1.090	3.405	224
威富公司	697	0.315	1.048	530

1983 年道琼斯工业平均指数成分股

1984 年初，人们对冷门股票产生了很大的兴趣。越来越多的人把低市盈率等同于低人气。我并不反对低市盈率学派，我认为使用低市盈率是一种可行的方法，以低于平均水平的风险寻求高于平均水平的回报。

不过，低市盈率并不是衡量人气的有力工具，因为市盈率弹性太大了。

我们来看看由知名大公司组成的道琼斯工业平均指数（DJIA)(见表 F-4)。

表 F-4　1983 年道琼斯工业平均指数成分股涨幅、年初市销率和市盈率

	1983 年涨幅 （%）	1983 年 1 月 1 日 市销率	1983 年 1 月 1 日 市盈率
1. 国际收割机	177	0.03*	亏损
2. 联合公司	72	0.17*	5*
3. 美国罐头	52	0.13*	25
4. 伯利恒钢铁	47	0.14*	亏损
5. 美国钢铁	45	0.12*	亏损
6. 杜邦 (E.I.)	45	0.25	9
7. 美国铝业	45	0.52	亏损
8. 西屋电气	41	0.35	8*
9. 伍尔沃斯百货	36	0.14*	10
10. 欧文斯－伊利诺伊	32	0.21	8*
11. 通用食品	30	0.24	8*
12. 美国布兰兹	29	0.39	7*
13. 联合技术公司	28	0.23	9
14.IBM	27	1.79	13
15. 埃克森	26	0.25	6*
16. 英科	26	0.76	亏损
17. 通用电气	24	0.81	12
18. 西尔斯·罗巴克	23	0.36	13
19. 国际纸业	22	0.59	16
20. 通用汽车	19	0.31	18
21. 联合碳化物	19	0.40	12
22. 德士古	16	0.15*	7*
23.3M	10	1.33	14
24. 默克制药	9	2.07	15
25. 标准石油	9	0.29	8*
26.AT&T	3	0.81	7*
27. 美国运通	1	0.79	11
28. 宝洁	−4	0.81	12
29. 伊士曼柯达	−11	1.39	12
30. 固特异轮胎	−14	0.29	11
平均	20	0.54	不适用

注：带＊的为市销率最低的 7 只股票和市盈率最低的 9 只股票。

表 F-4 显示了 1983 年道琼斯工业平均指数成分股的涨幅。也就是说，1983 年 1 月 1 日至 12 月 31 日期间，国际收割机上涨 177%，固特异轮胎下跌 14%。我还列出了它们 1983 年 1 月的市盈率，摘自《标准普尔股票指南》。计算 1983 年 1 月市销率所使用的年销售额取自《价值线》的季度数据（过去 4 个季度相加）。百分比四舍五入到最接近的整数，例如，美国钢铁的表现稍好于杜邦公司。表 F-5 是排名前 5、前 10、后 5、后 10 的股票的市销率。

表　F-5

	市销率范围	市销率平均值
表现最好的前 5 只股票	0.03 ～ 0.17	0.12
表现最好的前 10 只股票	0.03 ～ 0.52	0.21
表现最差的前 5 只股票	0.29 ～ 1.39	0.82
表现最差的前 10 只股票	0.15 ～ 2.07	0.83

浏览表格时请注意：

我们想比较一下，市销率最低的 1/4 股票与市盈率最低的 1/4 股票的情况。不巧的是，市盈率等于 8 的股票太多，无法找出市盈率最低的 7 只股票。因此，只能将 7 只市销率最低的股票与 9 只市盈率最低的股票进行比较，或者将 9 只市盈率最低的股票与 9 只市销率最低的股票进行比较。我们两个方案都做了。为方便起见，在表 F-4 中列出的 7 只市销率最低的、9 只市盈率最低的股票旁边加了星号（*）。

- ▶ 7 只市销率最低的股票平均涨幅 63.57%。
- ▶ 9 只市销率最低的股票平均涨幅 56.11%。
- ▶ 9 只市盈率最低的股票平均涨幅 28.67%。
- ▶ 道琼斯工业平均指数股票平均涨幅 20.3%。

无论你怎么算，低市销率的股票的涨幅都大幅度超过低市盈率的股票。低市盈率的股票整体表现强于道指。

《价值线》复合指数和市销率

如本书正文所述，我对试图把握整个市场投资时机的尝试表示怀疑。然而，人们一再要求用市销率对整个市场进行衡量。我们使用《价值线》的数据回测过去 15 年的市场，并计算出主要高峰和低谷的市销率。和前文一样，市销率是根据前 12 个月的报告数据（推断出年度数据）计算的（参见《福布斯》排行榜中的示例）。表 F-6 显示了《价值线》综合指数中的 10 个主要峰谷点及其市销率。

表　F-6

峰 / 谷	年度	综合指数	市销率
峰	1968	23.4	1.07
谷	1970	14.3	0.63
峰	1972	28.7	1.07
谷	1974	13.2	0.36
峰	1976	24.5	0.55
谷	1978	18.7	0.36
谷	1980	22.5	0.33
峰	1980	37.0	0.50
谷	1982	23.1	0.29
峰	1983	42.0	0.53
第 1 季度	1984	35.6	0.42

显然，从数据上看，1968 ～ 1972 年的情况与此后不同。自 1974 年以后，《价值线》综合指数峰值市销率在 0.50 ～ 0.55 之间。在这 10 年中，综合指数谷底市销率在 0.29 ～ 0.36 之间。1984 年，对市场在 3 月初是否已经触底有过激烈的争论。如果前 10 年的数据确实有点指导作用，那么 3 月初股市就没见底。但 1974 ～ 1984 年与 1968 ～ 1972 年之间的差异，说明对《价值线》综合指数的市销率研究应该追溯到更早的年代。

汉鼎证券表单更新

在本书正文和此前的附录中，我编制了几张表格，显示了汉鼎证券统计摘要中涵盖的公司市销率与销售规模的关系。表 F-7 再次列出了这些关系，数据更新至 1984 年 2 月。与 1983 年 5 月市场峰值版相比，这张表反映了 1983 ～ 1984 年的市场下跌。相对而言，鹰牌电脑、网状系统、英特康、微康系统、超威半导体、天腾电脑、王安电脑、英特尔、葛兰素史克等股票，在各自销售规模层级上按市销率估值，大部分都太高了，跨上了海市蜃楼的门槛。1983 年 5 月名单上这样的股票后来都遭遇了罕见的灾难。

结论

自本书正文完成以后，费雪投资公司所做的一切研究完善了以下结论：

1. 投资者应该回避高市销率股票。

2. 投资者应该在不受追捧的、中低市销率的好公司中寻找投资机会。

3. 应该对市销率进行更多的研究。

表 F-7　1984 年 2 月汉鼎证券统计摘要中涵盖的公司其市销率与销售规模的关系

年销售收入，最近 12 个月相加（百万美元）	市销率									合计
	0～0.99	1～1.99	2～2.99	3～3.99	4～4.99	5～5.99	6～6.99	7～9.99	≥10	
0～50	7	10	11	5	5	2	1	5	9	55
50～100	3	8	7	3	0	1	1*	1†	1‡	25
100～200	4	9	3	4	4	1§	0	0	0	25
200～300	3	2	3	4	0	0	0	0	0	12
300～400	1	2	2	0	0	0	0	0	0	5
400～500	1	1	0	2‖	0	0	0	0	0	4
500～600	1	3	0	0	0	0	0	0	0	4
600～1 000	2	4	1	0	0	0	0	0	0	7
大于 1 000	7	8	2	3#	0	0	0	0	0	20
总计	29	47	29	21	9	4	2	6	10	157

注: * 英特康。

† 网状系统公司。

‡ 鹰牌电脑。

§ 微康系统。

‖ 超威半导体、天腾电脑。

王安电脑、英特尔、葛兰素史克。

| 致　谢 |

本书是怎样写成的

写这本书让我明白了一句老生常谈："书不是写出来的，而是改出来的。"个人电脑的发明支持了更多的修改推敲，否则我的急性子真是忍不了。在一遍又一遍改写的过程中，许多人帮了我大忙。

吉姆·迈克尔斯是《福布斯》的编辑，他为第6章和第7章提供了灵感。那些章节应该属于他。我们在曼哈顿共进午餐时，吉姆读了最初的几稿。他说，如果能在更大范围证明有效性，我的估值概念将更具说服力。吉姆建议追溯到过去，并涵盖不同类型的股票。"你能做到吗？"他问。"我会这么做吗？"这才是真正的问题。理论上这很简单，但工作量太大了。

幸运的是，伟大的灵感有时也能自带动力。我的同事杰夫·西尔克愿意并能够在3个月里投入大部分精力做这个项目。他的成果是本书亮点之一。非常感谢吉姆的想法和杰夫的努力。杰夫是个热情阳光的年轻人，我能借用他的天赋，是因为他太年轻了，世界还没有给他真正的机会。

汤姆·乌尔里希提供了重要的统计支持，他是费雪投资公司（Fisher

Investments）的前雇员。在第 3 章和第 4 章中，汤姆做了大量计算。

早些时候，斯坦福大学商学院的杰克·麦克唐纳建议去掉一些浮夸的东西。他让我明白了这本书的严肃性。他的思想主要体现在第 8 章到第 11 章。

斯坦利·克罗用不带情绪的结论，帮我缓和了初稿对投资界的苛刻批评。

特拉恩－史密斯律师事务所的约翰·特拉恩是一位杰出的作家和成功的投资家，教我寻找出版商的方法。他推荐了斯托克和怀特的《风格的要素》，这是所有未来作家的必读书，算是为我上了写作基础课。

早期，哈珀罗出版社的哈里特·鲁宾婉拒了本书在其公司出版，但在书的结构和形式方面给出了有价值的建议。她的建议被吸收在初稿中。遗憾的是，只有我单方面获益，对她无从回报。

弗兰克·布鲁尼博士校对了第 1 章初稿（后来删掉了），让我明白还有很长的路要走，从而让我对这个项目第一次有了现实感。

加州银行的托尼·斯派尔鼓励我把术语的深浅程度和目标读者匹配。

我的父亲菲利普·费雪一直是我最严厉的批评者和最坚定的支持者。他认识我的时间比任何人都长，他是成就卓著的投资家和作家，是有特殊资格评论我作品的人。他非常耐心地审读了成书之前那些构思和表达都像涂鸦的初稿，给予了大量评论。父亲毫不留情地告诉我为什么需要改进。

山姆·艾伦森、阿尔·哈夫特和蒙特·斯特恩从投资者的角度煞费苦心地阅读了手稿。他们努力地读着每一段，告诉我哪些内容能引起共鸣，哪些令人昏昏欲睡。

其他人，包括罗纳德·比恩博士、比尔·戈尔曼和鲍勃·麦卡伦都对手稿的某些部分做出了贡献。

戈尔曼和鲁宾的建议帮助我重构了本书第一部分。

当我因收到第 3 章和第 4 章最初的评论而感到沮丧时，麦卡伦敦促我继续前进。比恩博士鼓励我寻求编辑的协助，提示我有些话需要说，但要表达得更好。这让我找到了芭芭拉·诺布尔。

看到我需要指点，贤内助谢睿灵开始寻找有编辑经验的人。当她把我介绍给芭芭拉·诺布尔时，事情很快有了起色。芭芭拉作为一名临时编辑不仅一字一句地把全文过了两遍，她还教我尽我所能去写。一开始，她打算监督和编辑我写的所有内容，她知道我需要这样手把手的帮助。后来，她对我进行了一定的训练并帮我搭起了写作框架，就像鸟妈妈把她的孩子从巢里推出来一样，在我能够独当一面的地方不再插手。这是个很好的训练方式。本书的可读性主要归功于她。她的热情和耐心永无止境。我很感激。

同样，如果没有詹妮特·瑟斯顿，这本书也完成不了。她作为费雪投资公司的首席运营官，是我的得力助手。当我想要完成某件事时，不管是什么，都会求助于她。生活中我可以放心托付的人没几个，她是其中之一。她第一次就把事情做好。她负责校对并监督手稿的修订。每当我吃不消的时候，她就从我的背上卸下越来越多的负担。

随着手稿接近完成，我需要有新见解的审稿人，能不受早前阅读的影响。许多人读了他们以前从未见过的部分，其他人则第一次看到我的稿子。

安妮·布罗迪、肯·科斯卡拉（他还通过罗伯塔·谢尔顿向我介绍了安妮）、杰克·尤弗拉特、沃利·哈格兰德、吉姆·帕尔默、亨利·罗伯茨、史蒂夫·沃尔斯克以及数不胜数的人在定稿之前提供了新的意见和建议，使之更趋完善。

其他人在不同阶段以不同方式提供了帮助。例如，弗雷德·克鲁普在圣马特奥县拥有一家书店。我从小就认识他。他花时间告诉我，这样一本书如何进入零售书店体系。

弗雷德·纽豪斯和迪克·纽豪斯把我介绍给了布鲁斯·德加莫克思、杰克·奥利里和汤姆·图尔宾这样的书商，他们很乐意花时间和我交流。汤姆·法赫蒂告诉我怎样才能适销对路。

有了第一份出版要约，安妮·布罗迪作为我的代理开始了合同谈判，她替我做了一件值得高度肯定的工作。我和安妮以及其他经纪人商量了一段时间，考虑如何选定出版商。但安妮做得更多。她的建议使我删除了手稿中某些应该删除的内容。

中央公园图书公司的杰夫·舒特列夫让我们用他的书架试拍了几张封面设计图。

特别感谢出版商允许我在最后一刻增加附录 F，其重要性与书中其他内容不相上下。

限于篇幅，无法列出这一路上有助于我的每位友人，向那些没有提到的人致歉。不说一句感谢的话，我心里过意不去。

许多作者在致谢部分表达对家人的敬意，对我来说这更加必要。贤妻谢睿灵为本书付出了很多心血。她不光帮我找到芭芭拉·诺布尔，从而给项目带来了重大进展，还花了大量时间和詹妮特一起，为我提供协助。她把自己的艺术工作暂时搁置，花了大量时间在装打印纸、复印草稿等勤杂工作上。这是她在 1983 年大部分时间里见到我的唯一机会。

同样，我欠我的三个儿子克莱顿、内森和杰斯一年的时间。他们在晚上、周末和节假日耐心地忍受了"没有爸爸"的日子，而我却在洗衣房里关着门盯着电脑。

感谢所有的人，你们帮助我说出了自己的想法，并给了我一段不需要重复但永远不想忘记的美妙经历。

肯尼斯·L.费雪

投资超级强势股，实现共同富裕

翻译经典，译者最先受益。有些心得体会和大家分享如下。

肯尼斯·L. 费雪先生是位认真而严谨的人

本书英文原版面世快 40 年了，这次重译，先生特别指出了当年英文版的几处小小笔误或印刷错误，提示我务必注意更正。

肯尼斯·L. 费雪先生是位谦谦君子

先生名列 2021 年《福布斯》美国富人榜第 151 位，在 2021 年全球亿万富翁名单上排名第 502 位。费雪投资公司 2021 年底管理的资产高达 2080 亿美元。先生为《福布斯》撰写专栏长达 32 年半，史上最长。可以说在投资管理行业，以成就和名望论，先生确属"顶流"。就是这样一位"大神"，接待我时非常平等和蔼，真的让我感到"财富不是差距""越成功越和气"。

肯尼斯·L. 费雪先生是位实践家

附录 D 的故事让我十分钦佩费雪先生作为成功的投资家，还兼具运营企业的胆识和能力。巴菲特也曾临危受命拯救所罗门兄弟于水火。大道同源，殊途同归。

先生的著作也不是什么华而不实的"屠龙术""修仙法"，而是可以落地践行的实践论。这从费雪投资公司的成长历程可见一斑。

这本《超级强势股》更是先生自己的实践总结和行动指南。

肯尼斯·L. 费雪先生是位勤奋的人

投资需要成熟的思想，投资也让人年轻，还让人长寿。

肯尼斯·L. 费雪先生 2022 年底已迈入 72 岁，但仍然精神矍铄、精力充沛，几乎每天都上班，还经常出差飞赴世界各地，包括亚洲地区。他的投资一生、写作一生和工作一生，都令我肃然起敬。让我们祝他身体健康，永葆青春！

致谢

在这里，我要特别感谢诸多朋友、老师以及我的家人，他们中既有财经专家，也有英语教授，还有我的尊长和多年在美国留学的工、商科学子，为本书译作付出了极大的心血，仔细校对、斟字酌句、反复推敲，查典故、究谚语，甚至核对几十年前书中提到的公司的信息和数据。遵照他们的意愿，在此就不一一列出其尊名了。可以说，没有他们的帮助和指点，这项工作不可能顺利完成。

向作者和读者朋友请教

我不是专业的英语翻译，完全是因为有心拜读先生的书，正好出版社有此需求，遂达成合作。翻译大师的著作，小安不敢有丝毫马虎懈怠。

下笔时，常常想起"一字之差，堕五百年野狐身"的禅门公案。深恐误解、误译了原作原意，既给读者造成困扰，也是对先生的大不敬。为了解疑释惑，遂冒着感染新冠（COVID-19）的风险，远赴达拉斯，到先生门下请教。

尽管殚精竭虑，仍不免错漏。书临付梓，心生忐忑，恳请读者朋友不吝指教。但凡您发现语义、语法、译名、用字、用典、公式、符号等各种错误，都请直接发邮件给我（xiaoan.he@outlook.com）或加我的微信（GFFUND-XIAOAN_HE）。所有指正者，都是我的一字之师。收集大家的高见之后，我再修订，供出版社在条件成熟时出更新版，以飨读者，以向肯尼斯·L.费雪先生致敬。

结束语

回顾自己三十多年的实业工作经验，结合对本书的反复阅读，我在考虑怎样来吸取先生的成功经验、怎样在中国践行先生的投资思想，愿意与读者朋友交流。

先生是巴菲特的老师菲利普·费雪的小儿子。按当下流行的说法，他既是典型的"富二代"，又是成功的"私（募）二代"，但我更认为他是青出于蓝而胜于蓝、一代更比一代强的"强一代"。

作者32岁写作本书时，已经小有成就，基本形成了延续至今的投资思想。他管理的资产从零开始，如今规模超过2000亿美元，书中的思路起到决定性作用，可谓"半部论语定天下"。

　　好在成功者都以分享为乐，我们才有缘见到这本"武林绝学"。作为译者，在向大师学习中受益良多。在此向大家诚恳推荐费雪先生这本成名之作、成功之作。

　　祝愿读者朋友和投资同行，开卷有益，慧眼识珠，发掘超级公司，投资超级强势股，和伟大的企业、伟大的国家、伟大的时代共同成长，通过投资实现共同富裕，也不枉费作者的一片苦心。

　　谢谢大家！

何小安

山东共富私募基金管理有限公司

推荐阅读

序号	中文书号	中文书名	定价
1	69645	敢于梦想：Tiger21创始人写给创业者的40堂必修课	79
2	69262	通向成功的交易心理学	79
3	68534	价值投资的五大关键	80
4	68207	比尔·米勒投资之道	80
5	67245	趋势跟踪（原书第5版）	159
6	67124	巴菲特的嘉年华：伯克希尔股东大会的故事	79
7	66880	巴菲特之道（原书第3版）（典藏版）	79
8	66784	短线交易秘诀（典藏版）	80
9	66522	21条颠扑不破的交易真理	59
10	66445	巴菲特的投资组合（典藏版）	59
11	66382	短线狙击手：高胜率短线交易秘诀	79
12	66200	格雷厄姆成长股投资策略	69
13	66178	行为投资原则	69
14	66022	炒掉你的股票分析师：证券分析从入门到实战（原书第2版）	79
15	65509	格雷厄姆精选集：演说、文章及纽约金融学院讲义实录	69
16	65413	与天为敌：一部人类风险探索史（典藏版）	89
17	65175	驾驭交易（原书第3版）	129
18	65140	大钱细思：优秀投资者如何思考和决断	89
19	64140	投资策略实战分析（原书第4版·典藏版）	159
20	64043	巴菲特的第一桶金	79
21	63530	股市奇才：华尔街50年市场智慧	69
22	63388	交易心理分析2.0：从交易训练到流程设计	99
23	63200	金融交易圣经II:交易心智修炼	49
24	63137	经典技术分析（原书第3版）（下）	89
25	63136	经典技术分析（原书第3版）（上）	89
26	62844	大熊市启示录：百年金融史中的超级恐慌与机会（原书第4版）	80
27	62684	市场永远是对的：顺势投资的十大准则	69
28	62120	行为金融与投资心理学（原书第6版）	59
29	61637	蜡烛图方法：从入门到精通（原书第2版）	60
30	61156	期货狙击手：交易赢家的21周操盘手记	80
31	61155	投资交易心理分析（典藏版）	69
32	61152	有效资产管理（典藏版）	59
33	61148	客户的游艇在哪里：华尔街奇谈（典藏版）	39
34	61075	跨市场交易策略（典藏版）	69
35	61044	对冲基金怪杰（典藏版）	80
36	61008	专业投机原理（典藏版）	99
37	60980	价值投资的秘密：小投资者战胜基金经理的长线方法	49
38	60649	投资思想史（典藏版）	99
39	60644	金融交易圣经：发现你的赚钱天才	69
40	60546	证券混沌操作法：股票、期货及外汇交易的低风险获利指南（典藏版）	59
41	60457	外汇交易的10堂必修课（典藏版）	49
42	60415	击败庄家：21点的有利策略	59
43	60383	超级强势股：如何投资小盘价值成长股（典藏版）	59
44	60332	金融怪杰：华尔街的顶级交易员（典藏版）	80
45	60298	彼得·林奇教你理财（典藏版）	59
46	60234	日本蜡烛图技术新解（典藏版）	60
47	60233	股市长线法宝（典藏版）	80
48	60232	股票投资的24堂必修课（典藏版）	45
49	60213	蜡烛图精解:股票和期货交易的永恒技术（典藏版）	88
50	60070	在股市大崩溃前抛出的人：巴鲁克自传（典藏版）	69
51	60024	约翰·聂夫的成功投资（典藏版）	69
52	59948	投资者的未来（典藏版）	80
53	59832	沃伦·巴菲特如是说	59
54	59766	笑傲股市（原书第4版.典藏版）	99